翻轉學

翻轉學

Budgets Don't Work (But This Does)

Drop the One-Size Fits All Approach to Money and Discover the Power of Understanding Your Unique Financial Type

金錢性格

找出你的生財天賦

梅麗莎‧布朗恩 Melissa Browne——著　簡瑋君——譯

我們所知道的很重要，但我們是誰更重要。

—— 布芮尼·布朗（Brené Brown）

目錄

目錄

好評推薦

「想要在投資市場上得到獲利的關鍵，一直都跟你熟不熟悉自己相關。找到適合自己的標的，了解自己的獲利週期，建立出獨立思考邏輯，都是有助於投資人在市場中，取得完整且長期的報酬。」

—— 大俠武林，金融股投資達人

「藉由了解你的金錢類型，可以更有依據的規畫通往自由的財富之路。」

—— 小賈，懶人經濟學

「一個人對金錢的價值觀會受到家庭、環境及天性性格影響，有些人天生就對數字敏感；有些人擅長用直覺做出財務決策；有些人則擅長與人互動獲取資源⋯⋯以上的金錢性格本身沒有對與錯，重點在於如何將優勢發揮到最大化，弱項如何藉由與他人合作補強，而本書作者整理了四種金錢性格，你能透過書中四種金錢性格掌握自身優勢，進而理出一條專屬自己的金錢大道。」

—— Elaine 理白小姐，投資理財 KOL

推薦序

了解金錢性格，
穩健理財的第一步

—— ameryu，「A 大的理財心得分享」版主

如果你正為了「為什麼沒有存到錢的感覺」而犯愁，A 大會推薦你來看看這本書。

有時，存不到錢，未必是你的錯，有可能是你在進行財務分配時，搞錯了順序，才會讓自己存不到錢，或是不夠了解自己，因為心理作用才會產生「沒有存到錢的感覺」。

A 大在幫網友做理財諮詢的過程中，其實蠻常發現，「沒有存到錢的感覺」跟他自身的性格，有相當大的關聯。理財性格的成形，某部分來自天生，可以想像成跟「星座、血型」有關，所以延伸出來的理財行為與金錢性格，也不會讓人感到意外。例如，大多數的獅子座為人慷慨，會常常請客。那錢財留不住，也就不意外了。

金錢性格的成形，某部分會跟原生家庭有關，在成長過程中，多數人的第一學習與模仿的榜樣，絕大多數是父母，因此很容易會在不知不覺間，就直接複製了父母的理財行為。

「行為」會造就「習慣」，如果養成了壞習慣，後天要修

正，就沒那麼容易。

　　A 大覺得這是一本可以幫助你在金錢心理層面「自我修正」的書，透過作者的「金錢類型」分析，可以讓你更容易理解「自己為什麼會做出這樣的理財決定」，她將「金錢類型」分成基本四大類，然後在後續的章節，告訴我們每個人都有可能是「混合型的金錢性格」，A 大看完該章節後的自我分析，大概是 20% 工作者、25% 創造者、50% 洞察者、5% 關聯者的組合。

　　作者期許大家都能「找到並養成一套適合自己的理財習慣」，這真是深得我心，的確是這樣的，A 大在每個不同的人生階段，總是能調配出一套適合該階段的理財方式。

　　例如 A 大曾經在網路分享過的「三點一理財法、十字型理財系統……」，「洞察者」若再更近一步成長與進化，甚至是有可能變成「總是能夠適切地協助別人，找到適合別人的理財方式」的理財規畫師。

　　而作者也在書中提到「理財規畫」的基本技巧，A 大在網路上協助網友進行理財規畫時，也是用著相同的技巧。

訂目標、排計畫、選工具

　　看似簡單的一句話，其實隱藏著更深一層的意義，「做一個獨立思考的人，成為一個經濟獨立的個體」。

　　我想是作者對於讀者的期望是，藉由獨立思考找目標、訂目標，安排合理的執行計畫，選擇合適的理財工具，在完成目標的過程中，累積寶貴的經驗。

　　做中學，學中做，藉由調整與修正，就會漸漸培養出一套自動化、無意識、接近反射式的財務行為，再搭配「金錢性格」與系統化，將會建構出別人模仿不來的「自動化理財系統」。

　　按照自己的性格去安排理財規畫或投資計畫，是一件非常重要的事，參考別人的未必合用，但是若能夠自己創造，其背後的完成意義，將會是此生不太會缺到錢的理財智慧。

　　在學習的路上，難免會遇到卡關、迷航，要讓自己回到正軌，最好的方法就是找一個有分析能力的旁觀者，當局者迷、旁觀者清，迷惘或動彈不得時，記得找「幫手」，幫忙釐清問題的根源。

　　作者在〈有購物衝動和成癮問題，怎麼辦？〉的章節有提到，如果你無法自己解決問題，請記得尋求專業諮詢，尤其是有負債時。除了尋求財務諮詢，也可以尋求訓練有素的治療師諮詢。

　　有時存不到錢，不見得是「賺錢能力、理財能力」的問題，大部分都是習慣的問題，而造就習慣的原因，有可能是過去「無自我意識」不斷重複的行為所導致。

　　這部分就會跟「行為」有關，而治療師可以協助你看見那些盲點。

　　人生不會有過不去的坎，只有過不去的自己，當你能夠

透過《金錢性格》的金錢類型來釐清天性與慣性行為，才能進一步地找方法解除自己的擔憂與害怕，縱使要承認自己無法應付眼前的問題，而尋求短暫的協助，其實也沒啥好丟人的，唯有克服金錢弱點，擺脫陋習所造成的惡性循環，重新跨出「穩健理財」的第一步，才能走出具有獨特風格的「自動化理財系統」之路。

作者序
沒有一體適用的理財法

我經常和感到財務失控的人交談。

他們不確定自己是否做的足夠、擁有足夠，一切是否足夠。他們因為缺乏知識、時間、自制力，以及不願意或無力採取行動而沮喪。他們迫切需要一個涵括七個步驟的標準化財務計畫，但通常卻只期望有人告訴他們該怎麼做。事實是，對許多人來說，一種同質的、一體適用的財務方法是不適當的。

相反地，談到財務狀況時，多數人都忽略了世上所有財務知識都無法取代至關重要的第一步：了解自己是誰，以及我們為什麼這樣做。經由了解你獨特的財務表型，亦即你的金錢類型（你對金錢的本質行為或你的金錢個性）和金錢故事（你的環境因素和生活經驗的影響）的組合，並培養一套適合你的理財習慣，你就能朝著實現你的理財潛力邁出一大步。

本書專為因無法理清自身財務狀況、無法取得財務成功，甚至已財務定型而沮喪的人所寫。我想給你希望，讓你知道是整個體系出問題，你並未崩潰。你一旦弄清楚自己是誰，就能創造良好的財務環境，你的財務尚未定型，可以將財務處理得很好。

希望你喜歡本書。

前言
你的個性，決定你怎麼變有錢

　　你買過多少關於金錢、商業和理財的書？1 本、4 本、10 本、20 本，或者根本數不清？

　　現在，請誠實回答。這些書有幾本你從頭到尾讀過了？更重要的是，有幾本讓你徹底、持久地改變了理財習慣？

　　這就是我所思考的。

　　事實是，許多人都著迷於理清自己的財務狀況。同樣地，我們會因為瘦身、跑馬拉松、找到伴侶、減掉 5 公斤，或戒糖而感到興奮。

　　開啟這個過程似乎很容易，甚至有點令人興奮。也許你報名了健身課程，聘請了私人教練，預約了理財規畫師或會計師，報名了相親活動，或註冊了網路銀行帳戶，開始認真存錢。

　　但到了第二週，當你不是在度假時，早上 6：00 進行私人教練訓練開始變得困難。或者每天下午 4：00 糖癮發作時，必須拚命抗拒想吃雅樂思（Tim Tam）巧克力的欲望。

　　或者發現自己連續三次約會都毫無結果，想知道同意那些邀約的意義何在。或者因為知道自己的意志力撐不住，拒絕和閨蜜出去逛街，現在卻坐在家裡痛苦不堪，希望自己已赴約。

　　從那時起，想靜下心整理思緒就變得很困難。此時，你應

該停下來。

請注意，不是就此放棄。只是暫停一下。畢竟，這週過得很辛苦，你想讓自己喘口氣。或者現在正是無聊的季節（或夏天／生日）月分，開始節食或執行預算都太瘋狂了。

一週拖成了一個月，又拖過了一年，接下來你會制定另一個新年計畫來執行。然後你會更自責，因為自己似乎無法堅持下去。老實說，這個成人必經的過程一點都不好玩，尤其是財務逐漸定型。

所以，你決定停下來。畢竟，生命太短暫了。

了解財務表型，掙脫財務黑洞

但是，如果情況不是如此艱難呢？如果你不必受這些約束？如果你不覺得自己像是穿著很爛的鞋子踩著厚泥漿上山呢？想像一下，如果你能找到為你量身訂做的系統。

我敢打賭，你思考自己的財務問題時，想到的是預算、工作表和種種限制。大多數人都不喜歡預算，也不喜歡自我否定的想法。看看一般媒體和社交媒體不斷灌輸給我們的口號：我們被鼓勵要抓住每一天，享受每一刻。

我們不就正這樣做嗎？

但如果我告訴你，財務已定型並不意味你得不斷被剝奪，你會怎麼想？你的財務問題，甚至財務破敗的原因，與你無法

處理工作表無關。如果我告訴你，預算對我們大多數人都起不了作用，就像節食一點用處也沒有，如果它不適合你的金錢類型，就會傷害你的財務狀況，那你該怎麼辦？戀愛時，有許多金錢造成的關係緊張，這與一人愛花錢，另一人習慣存錢毫無關聯，但這些其實都與你們的金錢故事有關。

現在你了解了嗎？我想，你已了解。

我相信，除非你理解我所說的「財務表型」，否則永遠無法知道如何處理財務。金錢永遠會是你的鬥爭對象，必須很費力去實現財務目標。

什麼是我說的財務表型？

如果我們去查字典裡的定義，可以看到「表型」一詞在遺傳學中被用來描述「有機體可觀察的構成」，以及「基因型和環境相互作用產生的有機體的外觀」。換句話說，表型是有機體先天和後天相互作用產生的可觀察到之獨特特徵構成部分。

我們的財務表型，是我們對金錢的內在行為，以及環境因素和生活經驗對我們財務狀況的影響的表現。我們的金錢類型、金錢故事、金錢環境和養成的一套習慣所造成的影響，可能會對我們有幫助，也可能會對我們造成破壞。

換句話說，我們的財務表型既說明了我們是誰，為什麼我們是這樣的人，也幫助我們理解為什麼自己會以這種方式處理財務。在了解自己的財務表型之前，我們會不斷陷入金融破壞的循環中。

很多人的循環可能是這樣：常擔心錢，避免花錢，希望未

來自己會奇蹟般地整理好財務狀況，用第二張信用卡支付最新的瑜伽靜修或個人訓練課程，並希望上帝能讓這一切順利進行。

安慰自己，我們是在重新擁抱簡約生活，但卻花掉所有積蓄（甚至超過），這些都只增加了我們的焦慮，所以必須喝酒放鬆，結果變成一種日常習慣，所以必須預約另一個紓壓或排毒課程。

我們的本意是對地球做正確的事，但卻無法戒掉對快時尚、速食、各種電子設備和耗油量大的玩具的沉迷。因為分析到麻痺了，就算在銀行存了一大筆錢，卻無法用來做任何有價值的事，只能更努力、更長時間地工作，希望這樣是足夠的。

我們永遠都在救贖周圍的人，但永遠無法讓自己的財務喘口氣，所以總是承受著財務壓力。我們感覺有義務以一種特定的方式處理財務，但這感覺就像穿著一件會發癢、讓人想扔掉的夾克，所以我們會發生破壞財務的行為。

這種惡性循環會不斷繼續。

想像一下，如果你能從旋轉木馬上下來，走上一條親創通往財務健全的道路。

獨一無二的財務 DNA

我相信，除非我們理解自己的財務表型，並學會讓我們的金錢類型和金錢故事來幫助而非損害自己，否則我們的財務狀

況永遠不會好。我們會一直與金錢鬥爭，想避免出狀況，卻永遠都會出現難題。也許，金錢永遠難以捉摸，我們卻相信可以在這方面做得更好。

因為財務是個人的，所以理解我們的財務表型很重要。我們與金錢的關係和財務 DNA 都是獨一無二的。我們的財務表型，亦即我們是誰，我們為什麼以這樣的方式處理自己的財務，這些都是因人而異。這就是為什麼會有那麼多人因採用同質化的理財方式和標準做法而陷入困境。雖然這些對某些人來說可行（老實說，有時確實可以讓你感覺自己有在做事），但事實上，對許多人來說，一體適用的財務方法不會奏效。

解決辦法是創造一個和自己一樣獨特的財務系統，一個我們經由認識和理解自己的財務表型而發展起來的財務系統。

但是，讓我們先把金錢擺一邊，採用一個不同的類比，想想食物吧！我相信金錢和食物之間有很多協同作用，通常我們對食物的看法和行為會模仿自己對金錢的看法和行為。

例如，我的飲食習慣和丈夫托尼（Tony）、同齡人和伴我成長的人都不一樣。首先，通常我每週吃的巧克力比丈夫整個月吃的還要多。如果你強迫我們吃同樣的東西，當然其中一人會很開心，但另一人可能會不滿足，或覺得無趣，甚或感到饑餓。為什麼？

就我個人而言，我的身體需要定期獲得營養，否則會因為低血壓無法正常工作，但托尼沒這問題。我年輕時，由於極端節食，有過不好的健康狀況和飲食習慣。

　　我丈夫與食物的關係卻不是如此負面，他只是把吃看成補充能量，是要快速完成的工作。他目前正在實行間歇性禁食，但我卻完全不敢想像。他的飲食模式不適合我，不僅可能觸發身體不適，而且我的身體機能也必須採用規律地少量多餐，才能維持最佳狀況。我們每個人對食物和生理的關係都非常不同。那為什麼我們認為個人的財務歷程和 DNA 就該一樣？

　　讓我們進一步進行類比。想像一下，如果我走進任何一棟辦公大樓，為所有人制定一份統一的飲食計畫，就像一些財務顧問提出的 50% 分配給日常需求、20% 儲蓄、30% 用於支出的計畫。假設我也制定了相同的食物和分量，堅持每個人都要吃掉盤子裡的食物。不多也不少。

　　這種一體適用的計畫不僅有問題，而且可能有害。我會忽略掉一些人是純素主義者、素食主義者、有過敏或不耐受症，更不用說他們對食物的偏好或體能活動程度不同。同時，不要忘記對食物有不健康信念的人，像是強迫性進食者或節食者。他們如何應對新的食物規定？

　　或者可以想一下我們被教會如何在財務上把人分為花錢的人和儲蓄的人。有了這種想法，我可以制定兩種不同飲食計畫，分別針對體重超過限制和低於水準的人。我懷疑這樣做不僅會讓人們對我規定的食物倒胃口，同時也是在侮辱他們。

　　當我們把這種方法應用到食物上，很容易看到失敗，那麼為什麼我們堅持資金管理要採取一體適用的方法？

　　就像食物，對我有用的財務步驟對我丈夫並不適用，因

為我們的財務表型其實截然不同。我說的是完全不同的兩碼子事（我稍後會進一步討論這個問題）。就我們的情況而言，我們已經認識到這一點，並努力確保彼此的財務需求都能獲得滿足。這有助於我們在財務上獲得動力和安全感，這是兩個同樣重要卻經常被忽視的概念。

研究不斷告訴我們，金錢是夫妻吵架的頭號問題，我們應該從沮喪、批判甚至憤怒，轉變為理解我們為什麼會這樣處理金錢，這不是很好嗎？我們應該去理解自己和伴侶如何獲得財務安全和滿足感。

找出天生行為模式，訂製專屬財務系統

一旦你意識到許多人所採用的一體適用財務做法並不適用於大多數人，就可以不受其束縛。最後，為什麼我們會為金錢苦苦掙扎、為什麼我們總是破壞自己的計畫、為什麼我們似乎不能始終如一，其實有一個原因。

當然，了解自己的花錢行為是至關重要的一步，但這只是一部分。一旦確定並了解自己的財務表型，就意味著可以開始發展一套適合自己的理財習慣。對大多數人來說，這些理財習慣與預算毫無關係。

有些人（包括我自己）喜歡做好預算和一張完善的工作表。我認為對我來說，沒有什麼比用顏色編碼的工作表更能呈

現一個美好假期,所以我當然會把同樣的想法應用到我的業務
(偶爾也用到我的個人)財務上。你們有些人現在會很想跟我
擊掌,有些人卻可能語塞。事實上,對大多數人來說,逐行逐
項列出預算是錯誤的做法。

現在,我並不是在主張不必去理解花多少、存多少、欠多
少、有多少錢;目標是什麼,現有的資產和支出是否能達到目
標。沒錯,工作表在解決這些問題上非常有幫助。相反地,我
要說的是,不要只採用約定俗成一體適用的財務方法。

即使我們覺得不合適,還是會默認一個公式或一個預算,
這是因為通常不知道還有其他的方法可以做到。我們沒有很棒
的金融詞彙,我們的金融教育有限,我們不習慣講金融故事。
所以,只能祈禱,希望有一個公式化的方法能夠適合自己。

有些金融服務業者會採用一種懶惰的標準化方法,比如建
議你定出一項支出計畫,其中50%分配給日常需求、20%用於
儲蓄、30%用來滿足欲望。這有時會讓我們有財務安全感。只
要有一個可以遵循的公式,只要照著這個公式進行,我們的財
務狀況就會很好,對吧?

錯了!

思考一下這個專家建議的支出公式。如果你的收入很低,
根本無法照章進行會怎樣?如果你照公式指示的把20%轉成
儲蓄,但支出還是得動用到儲蓄,情況會怎樣?會讓你感到絕
望,想放棄嗎?或者,因為你和家人同住,不該只存20%,而
是該存80%,現在是你財務超前的好時機?

　　現在就存 20%，並且可以好好享受，可能會讓你覺得自己正在做正確的事，但實際上，在住房等需求成本非常低時，你正在錯失一個非常好的機會。我遇到過太多三十多歲的人希望自己二十幾歲時就多存些錢（你現在還可以這樣做，還可以過得很開心，這你知道的），但他們認為只要遵循類似支出公式就對了。或者他們根本不知道該做什麼，所以什麼也沒做。

　　是時候採取新的財務方式了。

　　經由了解你的財務表型，找出你天生的行為模式，以及你的過去、成長經歷和環境如何影響你的財務狀況，你可以擺脫一體適用的做法，訂製自己的解決方案。

　　但重要的是要知道，了解你的財務表型只是第一步。第二步是採取行動，創造獨特的理財習慣，策劃適合自己的金錢環境。在這本書中，你會發現問題、進行練習、回顧工作表，並被要求採取行動，我不希望這只是一本很好的讀物，讓你接收到一些關於你金錢行為的奇妙見解，但最終卻無所改變。

　　相反地，我的目標是帶來財務覺醒，促使你改變，並最終轉變你的財務狀況 —— 藉由這些問題，你將學會自問如何處理環繞著你的金錢故事和金錢類型，以及要創建並採用的習慣和金錢環境。

　　我知道如果你讀了本書並應用其中的原則，就會開始以一種符合自己癖性和傾向的方式來設計財務，並過上想要的生活。

　　我迫不及待想和你一起開啟這條自我發現的理財之路。

測驗量表
找出你的金錢類型

你買下這本書後，可能想先搞清楚自己的金錢類型，然後就把書丟開，不再讀下去。請不要這樣做！金錢類型只是你故事的一部分。我不相信我們能真正持久地改變自己的財務行為，除非能了解自己的財務表型，也就是我們的金錢故事、環境及類型，並根據自己的特質培養好習慣。你的金錢類型是整張拼圖的關鍵部分，但它只是拼圖的一部分。

以下問題是為了幫助確定你的金錢類型。回答問題時，請選擇最適合自己的答案（a、b、c、d），以你會如何回應來做答，而非你認為該如何回應，或你想如何回應。如果有兩個答案是你認同的（或即使沒有任何答案是你完全認同的），請選擇最可能的回答。再說一次，你得明白這並不涉及評判，沒有正確或錯誤的答案，也沒有哪種金錢類型比其他類型好。

你會發現有些問題與你的財務狀況無關，看起來可能有點隨意或太輕鬆。不要因此卻步 —— 有時我們不習慣透過自己的財務來理解自身的行為，有時我們可以透過觀察生活其他方面來了解自己的財務行為。但最重要的是，你要相信自己和你的答案。

金錢類型測驗

1. 人們可能會這樣描述你：
    a. 敬業、勤奮、專注、有動力
    b. 創新、熱情、有趣、有創造力
    c. 成功、聰明、智慧、機智
    d. 忠實、好施、善良、富同情心

2. 最讓你感到挫折的是哪些人：
    a. 只想坐著聊天，而不想把事情做完
    b. 不像你那樣理想主義和具有大局觀念
    c. 按照特定的方式做事，因為一直都是這樣做
    d. 不考慮人性的一面

3. 開始一項專案時，你喜歡：
    a. 直接開始動手做；你能解決過程中出現的任何問題
    b. 花時間創建願景板、陳述任務，想像項目可能的發展、予人的感覺和成功
    c. 思考如何能將它處理到最好；你花在思考上的時間和花在執行上的一樣多
    d. 與他人合作 —— 交談並找出你們可能一起解決問題的最好方法

4. 運動時，你最喜歡：

a. 自己鍛煉，喜歡在身體上挑戰自己

b. 瑜伽或與私人教練一起鍛煉

c. 彈性做法，取決於目前培訓的目的和想達到的目標

d. 集體活動、體育課和與他人一起鍛煉

5. 你採用或傾向使用的激勵技巧：

a. 你通常不考慮採用激勵技巧，寧願直接開始

b. 日常口號、願景板和肯定

c. 取決於任務是什麼，但你可以決定幾個可能有用的，
然後看看哪個較合適

d. 告訴別人並讓他們提醒你想要達成的目標

6. 你是哪種人：

a. 專注完成任務

b. 喜歡嘗試新的活動

c. 喜歡了解背後的理論

d. 考慮別人的感受

7. 對一個財務決定感到壓力時，最可能做出哪樣決定：

a. 低下頭繼續工作，這樣就可以避開這個問題

b. 做白日夢、設計和迴避財務上的細節

c. 在腦中想像多種場景，不做任何決定，導致分析癱瘓

d. 受朋友和家人影響

8. 你更喜歡藉由下列哪個方式放鬆：

   a. 鍛煉或保持忙碌

   b. 冥想

   c. 讀一本書或完成拼圖

   d. 和愛的人出去走走，聯繫一下

9. 你感覺最好的時候是：

   a. 你的成就得到認可，或達到了自己設定的里程碑

   b. 你富有想像力地表達自己

   c. 你的智力受到挑戰或刺激時

   d. 你關心、鍾愛或拯救他人

10. 當涉及到你的財務和投資時，你會感到沮喪是因為：

   a. 其他人有比你賺得更多、積累更多財富的能力，儘
      管他們工作沒有你那麼努力

   b. 你總被迫根據數據而非直覺來合理化自己的決定

   c. 人們被計畫所迷惑或無法獨立思考

   d. 似乎每個人都為自己而活

11. 當你在社交媒體上時：

   a. 你很少用社交媒體或很少發文，認為這是浪費時間

   b. 關注能啟發你的網站

   c. 過度思考你的貼文，經常對他人評頭論足

   d. 找出每個人都在做什麼，對朋友的帖子按讚

12. 當說到新年新計畫時，你；

    a. 不在乎這些計畫

    b. 花時間做計畫並展現對新年度的決心

    c. 很少操心這些。雖然你喜歡設定目標，但不明白為什麼要把目標定在一個隨選日期上，比如 1 月 1 日

    d. 在新年聚會上許個願望，因為其他人也都這樣做，你覺得有義務和同伴一起做

13. 涉及財務決策時，你傾向基於哪項要素做決定：

    a. 讓你感覺舒適和自信

    b. 你的直覺和對這項決定的感覺

    c. 你自己的研究、你欽佩的人的做法和你聽過的觀念

    d. 其他人所做和所說的

14. 在餐廳選擇喝的酒時：

    a. 你更喜歡啤酒或便宜的葡萄酒；你很樂意讓別人來選擇，除非你知道他們要點一些昂貴的酒

    b. 誰想喝紅酒呢？你更有可能會點雞尾酒、香檳或可愛的侍酒師所建議的任何酒類

    c. 你知道餐廳想讓你選第二種酒（這有科學依據），所以要麼選擇你喜歡的最便宜的酒，或你認得並喜歡的酒，不然就和侍酒師聊聊

    d. 你很樂意跟隨其他人的意見，最好一起喝一瓶酒

15. 你有壓力或心煩意亂時,理財風格是:

a. 多動動 —— 不管是在工作時、健身房,還是在家裡

b. 在自己身上花錢,花在能讓心情變好的體驗或事情上

c. 過度思考,並且可能花費超支

d. 囤積資源或投身於拯救他人,即使這對自己不利

16. 關於你的財務狀況,你不願意承認的是:

a. 你很努力工作,但沒有其他人認為你應該擁有(或者你認為自己應該擁有)的資產

b. 你有多麼擔心錢(尤其債務)以及這會如何影響你的創造力

c. 你還不確定如何處理財務,或認為自己的財務狀況應該是什麼樣

d. 你把別人的需要放在自己的需要之前(你不想讓別人擔心)

17. 談到消費或投資時,你最可能受到哪個因素影響:

a. 你可以輕鬆消費或投資,而非依從某個人、播客、推特或其他媒體取得的簡短資訊

b. 你在社交媒體上崇拜的大師或最新的時尚品味大師

c. 你所敬佩的專業領域專家,他們的觀點、品味或敏感性

d. 你的家庭、伴侶、同伴和社群

18. 如果錢不是問題，你會選擇哪種機票價格：

    a. 經濟艙，你沒理由花更多的錢買機票

    b. 商務艙或頭等艙，當你去貴賓室點第一瓶香檳時，就會開始發布到社交媒體上

    c. 商務艙，並用積分升級到頭等艙，因為你無法合理化額外的費用

    d. 因為你要支付整個家庭或朋友群的費用，當然也希望他們都能一起體驗商務艙，所以你要買 6 張機票

把你對每個問題的答案加總起來。

a：_____   b：_____

c：_____   d：_____

我已確認並定義出四種主要金錢類型，後續章節會有詳細解釋。分數最高的答案就是你的主要金錢類型。如果你的第二高分數高出剩下的兩個分數許多，它就是你的第二種金錢類型。

a. 工作者   b. 創造者

c. 洞察者   d. 關聯者

① 越談錢，越有錢

　　瑞士心理學家卡爾・榮格（Carl Jung）曾說：「潛意識如果沒有進入意識，就會主導你的人生而成為你的命運。」這句話正好解釋我為什麼如此著迷於討論先天和後天，以及為什麼希望你也是這樣，尤其是在你的財務方面，因為這樣你就可以開始做出明智的財務決定。

　　我說的先天和後天是什麼意思呢？

　　我得先說清楚，我不是科學家，所以在本書中是自由發揮。以下是我就財務表型的定義所說的先天及後天的養成。

　　先天是我們本性中較無法改變的部分，是從父母而來的遺傳密碼，從眼睛顏色到身高，再到性格等均屬之，雖然仍然可以改變或調整，但通常較為固定。

　　而後天是指所有影響我們的環境變數，包括教養、環境、文化和生活經歷等。

　　當涉及到金錢時，檢視先天和後天的相互作用，有助於對自身的財務行為形成敏銳的理解，可以幫助解釋為什麼我們遇到特定觸發因素和壓力時，傾向於以特定的方式行事，或者為什麼我們在特定情況下，或是經歷過某些情境，仍然能茁壯成

長，而其他人則會受困（反之亦然）。

也許我之所以熱中討論先天與後天的問題，是因為家中三個手足都截然不同 —— 有人曾搖頭驚嘆我們三人是同一家庭長大的親手足。

但原因為何呢？畢竟，我們的成長過程有相同的理財模式 —— 父親是會計，我們成長過程都學了一些有關金錢的課程，包括預算和信貸 —— 有欠債的那幾週，我們會先簽名領零用錢，不過並沒有真的拿到錢。

我們在雪梨西郊長大，那裡的價值觀就是節儉和努力工作。父親 50 歲出頭就寬裕地退休了，但除了格外努力工作，他從來沒讓我們知道他如何達成這個財務成果。老實說，媽媽甚至也不知道，她只是照父親的話簽署文件。對她來說，值得慶幸的是，這些文件是用來購買改善我們家財務狀況的資產。直到父親退休，他才向母親解釋他們擁有的比以前更多，經濟狀況比她以為的要好。

有錢是天生的嗎？

在沒有財務故事可供依循的情況下，我和兄弟姊妹各自想出了自己的理財方式，也就不足為奇了。因此，我們不僅有不同的金錢類型，而且也有不同的金錢故事和金錢習慣。

但我們的差異並不僅是財務方面。當然，如果拿我和妹

妹朱蒂簡單做個比較，會發現我們在大多數人生選擇上，都做出了不同決定 —— 從教育到居處、是否要生孩子、如何表述我們的精神層面、職業選擇、我們對工作地點和工作量方面的決定、度假及優先支出的安排等。

我善意地把朱蒂描述成波西米亞嬉皮，而我則是另一個近乎強迫症的極端。從 20 歲開始，我們的生活經歷和環境就已發生巨大差異，但讓我驚訝的是，我們生活的許多方面，包括財務狀況是如此地不同。

我不是說妹妹的人生選擇比我的好或壞。我的意思是，儘管來自同一個家庭，但我們處理生活中大部分事務（包括財務問題）的方式卻截然不同。

這讓我不禁要問，我們之間的差異究竟是由於童年時期接收到的金錢資訊、成年後的生活選擇、生活經歷、出生順序的不同，還是僅僅是因為我們的內在性格不同？如果我們在另一個地區或環境中長大，會有同樣的財務養成嗎？我作為長女的地位和責任感意味著我在財務上或多或少負有責任，或者還有其他影響更大的因素？在工薪階層社區長大，會以某種方式影響我們的財務彈性嗎？還是說我們住的地方無關緊要呢？

當然，並不是每個人將我和妹妹之間的差異歸咎在先天和後天的相互影響 —— 不是每個人都相信先天和後天兩者之間關係的力量。有些人堅持這一切都源於基因，有些人則爭辯這些都是由於經驗。

如果你相信這些可歸咎於先天，你會說我和兄弟姊妹如此

不同，都是因為基因傾向所造成。哲學家如柏拉圖和笛卡兒認為，某些事物是天生和遺傳的，不管環境如何影響，自然就會發生。換句話說，後天教養對人們沒有影響。

另一方面，如果你認為教養是唯一的因素，會說我和兄弟姊妹之所以如此不同，是由於出生順序和在家庭內外個人經歷的總和。像約翰·洛克（John Locke）這樣的思想家認為每個人都是獨特的 —— 每個人原先都是一張白紙，我們的想法、思想、人格特質和信念是出自於生活經驗。

然而，拿我的兄弟姊妹為例，我們所存在的極端差異卻很難有個解釋。

今天，多虧了「達尼丁健康與發展多學科研究」（Dunedin Multidisciplinary Health and Development Study；也稱為「達尼丁研究」〔Dunedin Study〕，後面章節將詳細介紹）等研究中所包含的研究結果，我們現在認識到先天和後天都扮演至關重要的角色。事實上，各領域的研究人員發現，隨著年齡增長，理解先天和後天如何相互作用，對於理解在教育、財務健康和一般決策過程方面的選擇極具重要性。

研究人員表示，在談到先天和後天的關係時，真正需要問的問題，並非其中一個是否比另一個更重要，而是它們各自對我們有多大的影響。

當然，當涉及到我們的財務問題時，這是一個很好的問題，還有後續的問題：我是如何展現這種特定的特質或經歷，對我是有利還是有害？這是兩個重要的問題，當我們觀察、識

別和建立適合你的獨特財務表型的財務系統時，會不斷回到這兩個問題。

關鍵字是「識別」。

如果你還記得前面的文字，表型的定義是「基因型和環境相互作用產生的有機體的外觀」。換句話說，它發現了先天和後天對生物體結構、特徵和影響的因果關係。

習慣談錢，才會有錢

談到觀察財務特徵時，問題在於我們不習慣談論金錢，我們不常談論財務故事，也當然沒人會鼓勵我們去尋找和識別自己的財務行為模式。事實上，因為談論這些是「粗魯」或「不禮貌」的，我們經常被教導要停止或拒絕談論金錢。即使在我自己的家庭裡，雖然父親是會計師，我們也不會談論金錢和投資這類話題。

我知道有些家庭一直以來對收入和薪水這類單純問題都視之為「不禮貌」應避談的話題。就在幾年前，澳洲一位著名的女性媒體人物公開稱談論金錢和薪水是「愚蠢的」。我們不願意公開談論自己的財務狀況，這有什麼好奇怪的？

可悲的事實是，由於這些訊息，許多人覺得談錢或想錢會令人不安。這是令人尷尬，令人討厭的，而且，對一些人來說，還帶有一種羞恥感。

　　這就是為什麼開始研究財務例子之前，我要先研究先天和後天對身體結構的型態、特徵和影響。

　　當我們觀察自己的身高和體重，可能會識別出一種基因型態，它會決定我們可以長多高或我們的體形，但環境會對這些特徵有更大的影響。如果我們生長在一個有充足食物、陽光和鍛煉的環境中，就會長到基因設定的高度。然而，如果我們成長過程中沒有陽光，缺乏鍛煉，營養不良，那麼成長可能會受阻礙。換句話說，環境會對我們的健康產生負面影響。

　　大多數人都知道營養不良的孩子會比營養充足的孩子看起來更瘦小。然而，他們可能無法理解，如果不加以控制，這個營養不良的孩子成年後可能達不到潛在的身高。如果一個人的基因型態允許身高達到 188 公分，但童年時飲食很差，那麼他成年後的身高可能只有 173 公分。只有當我們接受了教養所帶來的影響之後，才能理解並計畫以獲取更好的結果。

　　也許，我們可能會觀察到一個人曝曬在太陽下，然後注意到他的皮膚變得越來越黑。我們根據這一觀察和經驗，可能很快得出結論：這是太陽造成的。現在，我們不需要了解太陽和皮膚變黑的科學關聯，因為自身的經驗和童年皮膚的變化，我們知道陽光照射和皮膚曬黑之間的基本關係。

　　但並非總是這麼容易得到如此直截了當的結論。比如，你知道火鶴生來是白色而非粉色嗎？這種粉紅色實際上是由牠們飲食中的生物體色素所引起。但因為這不是我們的經驗，所以我們不能僅透過觀察就得出結論，而是通過科學研究才知道。

　　了解我們的財務表型並不像觀察曬黑的皮膚那麼容易，這更像是觀察火鶴顏色的變化 ── 我們也許能從別人身上看到最終的財務結果，但不知道他們如何達成。我們之所以了解曬黑及其對健康的影響，是因為已經從公共衛生媒體活動或學校和家長那裡獲得太多關於陽光照射的資訊。然而，當在觀察我們（或他人）的財務特徵時，我們在語言、教育或理解方面並沒有那麼廣泛。

　　但是，我們越是談論金錢，就越能意識到自己的行為，也就越能觀察到自己的財務特徵，就越容易明白自身的財務本質，以及環境如何影響或養成我們的理財行為。換句話說，發現、識別和理解我們的財務表型會變得更加容易。

　　我們想要發現自己財務表型的原因，與想要觀察環境對自身影響的原因一樣。我們希望獎勵對自己有利的財務行為，制止或最小化可能限制或損害自身財務可能性的行為。我們希望經由識別和促進財務上的「平衡利弊」行為來阻止財務上的「曬傷」。但更重要的是，我們還希望發現自己的優勢，並採取行動，以實現財務潛力。我們希望實現財務健康。

　　一旦明白我們在財務上掙扎的原因與了解數字和預算沒什麼關係，而是與自身的財務表型有關，我們就可以放鬆了。這並不是因為我們放棄了，也不是因為意識到基因裡沒有擅長賺錢的基因（你知道這沒什麼大不了），而是終於找到一種解釋，明白我們為什麼會有這樣的財務行為。

　　更重要的是，只要理解我們行為方式的原因，就能認識到

自己財務表型的因果關係，並能建立獨特的習慣和系統，以確保我們不僅能發展財務彈性，而且可以在財務上蓬勃發展。

　　這個自我發現的過程是從理解你隨身的金錢故事開始，進而理解你內在如何對待金錢，也就是你的金錢類型。最後，你要建立一套適合自己的獨特理財習慣。這是一個強大的訂製方法，如果你採用了，它將引導你走向實現財務潛力之路。

Part 1
關於金錢

你或許無法控制發生在身上的一切，但你可以決定不被這些事情打倒。

—— 馬雅·安傑洛（Maya Angelou），
美國詩人、作家

② 自制力，
助你早日財富自由

發現財務表型的第一步，是了解教養和環境的作用。很重要的是要明白，教養不僅僅是我們的家庭、童年經歷和我們是如何長大的。它還包括我們的環境、文化、生活經歷等。

現在，我可以忽略金錢故事和環境的影響，把這寫成一本關於金錢類型的簡單書籍，但這就像忽略開頭和結尾，直接從中間開始讀一本書。當然，你可能會根據一個人的性格來理解他的行為，但不會明白是什麼塑造了他，以及他的行為是否產生了消極、積極還是中性的結果。就像是晚餐吃一碗平淡無味、沒有摻醬的義大利麵。它當然可以解決你的饑餓感，但卻少了重要的配料。

這就是為什麼我們要從了解自身的金錢環境和故事說起。

幾十年來，研究人員研究了先天、後天和我們的生活經歷之間的相互作用，以及它們對我們的投資和消費習慣的影響。為了讓我們當中的佛洛伊德派感到愉悅，讓我們從童年和生活經歷開始。

我作為一個在工薪階層、藍領社區長大的人，經常在想，

出生在另一個郊區或上了一所「好學校」是否會讓我的經濟狀況有所不同，或者會加速我的財務成功嗎？

研究人員也提出了類似的問題，試圖理解家庭和社會經濟環境在影響我們的財務方面所扮演的角色。

2019 年，桑德拉・布萊克（Sandra Black）、保羅・德維羅（Paul Devereux）、彼得・倫德伯格（Petter Lundborg）以及卡夫・馬傑萊西（Kaveh Majlesi）發表了一篇論文，題為〈可憐的小富家子？天性與教養在財富和其他經濟成果與行為中的作用〉（Poor Little Rich Kids? The role of nature versus nurture in wealth and other economic outcomes and behaviors），文中指出，父母的財富與其子女的財富有直接關聯，但天性、教養或環境與此的關聯則未有定論。

為了找出關聯的根源，他們比較了瑞典富裕家庭親生孩子和領養孩子的經濟狀況。研究人員發現，環境在財富傳遞方面扮演重要的角色，出生前因素的作用則小得多。儘管父母與子女之間的人力資本聯繫似乎比環境因素具有更強的生物學意義，但所得和收入（如果有的話）則與環境更有關聯。

換句話說，有錢的父母和有錢的孩子之間是有關聯，但環境的影響卻比基因的影響更強大。

總的來說，這項研究的結果指出，許多並非出生在富裕家庭的人長期以來都在懷疑，擁有富有、高消費父母的孩子在成長過程中，享有更多的優勢。

隨著財富和資源分配愈加不平等，機會也變得不平等。

這並不是因為富裕家庭的人們天生比貧窮家庭出身的人更具天賦，而是正如研究人員發現的：「財富會創造財富。」

瑞典是一個相對平等的社會，這讓我不禁推測，大多數西方社會也是一樣，包括美國、英國和我所居住的澳洲。根據這項研究結果，我們可以（而且應該）提倡，政府要為較貧窮的社會經濟階層提供更好的政策，但這對於成年人或現在生活在較貧窮社會經濟環境中的人意味著什麼？

我們因此進行了一項研究，結果發現一些來自較差社會經濟環境的兒童，儘管他們的處境較差，但財務方面卻仍然表現出色。

窮人家的孩子出頭天

2018 年，以斯帖・吳（Esther Goh）和切爾西・張（Chelsea Cheang）發表了一篇論文，題為〈為什麼一些貧困家庭出身的孩子表現出色：對新加坡正向偏差案例的深入分析〉（Why Some Children from Poor Families Do Well: An in-depth analysis of positive deviance cases in Singapore）。

研究人員發現，一些社會經濟環境較差的孩子出人意料地獲得了成功，他們之所以財務上獲致成功，是因為與家庭之間存在很強的聯繫，並且意識到家庭經濟資源有限。孩子與母親有著特別強烈的情感聯繫，使得他們深深渴望能幫助自己的家

庭，並且找出具有創意的方法以便在財務上出類拔萃。

在這個例子中，教養創造了一個想要幫助家庭並給予回報的金錢故事。這種情況不斷出現在孩子們的父母為了脫貧擺困，移民到另一個國家生活的故事中。在澳洲，我們有很多這樣的例子。

例如出生於越南的安‧多（Anh Do）是澳洲知名作家、演員、喜劇演員和畫家，他還在雪梨理工大學攻讀商法綜合學位，又如來自飽受戰爭蹂躪的蘇丹的馬克‧道（Majak Daw），他是澳式足球聯盟 AFL 的球員。再如地產大亨和億萬富翁哈利‧特里古波夫（Harry Triguboff）是俄羅斯猶太人的兒子，他們從俄羅斯逃到中國，最終定居澳洲。

到目前為止，我們一直在研究財富和家庭單元，但當家庭單元崩潰呢？2018 年，澳洲社會服務委員會（Australian Council of Social Service）的研究顯示，「單親家庭的孩子……是澳洲受貧困影響最嚴重的一群，六分之一的（或 73.9 萬名）兒童生活在貧窮線下。2017 年，這一比例占單親家庭超過 19%。

我們知道，富有父母的孩子有時可以從積極的理財模式中獲益。我們還了解到，來自單親家庭或較貧窮社會經濟家庭的孩子有時會找不到可供仿效的理財模式，這可能導致他們成年後理財行為受限。

但無論你來自哪種社會經濟背景或家庭組成，對你的財務狀況構成毀滅性影響的因素之一，就是你童年時或成年後的創傷。這種影響會導致人們經由限制和控制的財務行為，包括過

度消費或囤積金錢，來填補內心的空虛。

2018 年，布魯斯・羅斯（D. Bruce Ross）和埃德・科姆布斯（Ed Coambs）在名為「心理創傷對財務的影響：探索複雜創傷和受損財務決策的敘述性財務治療注意事項」（The Impact of Psychological Trauma on Finance: Narrative financial therapy considerations in exploring complex trauma and impaired financial decision making）的研究發現，「儘管創傷學已經讓我們認識到各種創傷經歷，人們對財務創傷卻知之甚少。」他們認為，我們需要金融治療師持續將金融和心理健康學科聯繫起來，以便能對金錢故事重新做出決策。

這些都是很有趣的內容，能幫我們意識到自身為何會有（或不會有）好的財務起點 —— 但對於現在的我們有什麼意義呢？如果你被困在一個貧窮的故事裡，或經歷了影響你財務的生活，這對現在的你意味著什麼呢？在繼續討論之前，我需要問個問題，相信很多人也都在思考這個問題：我們早期的經歷是否意味著自己被困在一個金錢故事中，無法擺脫了呢？謝天謝地，答案是否定的。

2010 年的一篇論文〈先天還是後天：是什麼決定了投資者行為？〉（Nature or Nurture: What determines investor behavior?）中，研究人員阿米爾・巴內亞（Amir Barnea）、亨裡克・克朗奎斯特（Henrik Cronqvist）和斯蒂芬・西格爾（Stephan Siegel）研究了 3.7 萬對雙胞胎和 3.7 萬對非雙胞胎手足的金融投資組合。研究人員發現，在雙胞胎的投資組合行為和配置

中，遺傳因素約占三分之一，即使雙胞胎有了各自的生活經歷，遺傳對他們投資的影響似乎是持久性的。

這就引出了一個問題：如果天生的因素占到了投資決策的三分之一，那麼後天培養或生活經驗是否會因為占到剩餘的三分之二，而成為真正的主導因素？答案正如你所料，這不是那麼黑白分明。

雖然很明顯，遺傳因素占了投資決策的三分之一，但剩下的三分之二是成長或生活經歷的結果，還是兩者兼而有之尚未分明。當然，雖然教養和童年家庭環境對年輕雙胞胎的行為有所影響，但研究人員發現，「這種影響不會持久，隨著個體獲得經驗便會消失」。

換句話說，雖然你的遺傳傾向可能是永久性的，但生活經歷、教養和環境的影響卻是不斷演變的。無論你童年經歷過什麼，它對財務的影響都會被成年後累積的生活經驗影響取代。

對於並非出身財富持續增長的完美家庭的人來說，這應該是個好消息。讓我們面對現實，這種人很多。事實上，所有這些研究的總和應該給我們帶來希望，它指出童年經歷不會決定命運 —— 相反地，隨著時間推移不斷改變的經歷才是最重要的因素之一。

但別只是相信我說的，來看看對人類發展最全面性的研究之一，也就是上一章提過的「達尼丁研究」。達尼丁的研究也同意這一發現，亦即我們不是固定不變的，我們有能力改變自己的行為，從而改變自身的經驗。

近 50 年來，特里・莫菲特（Terrie Moffitt）和阿夫沙洛姆・卡斯皮（Avshalom Caspi）追蹤觀察了紐西蘭達尼丁瑪麗皇后婦產醫院（Queen Mary Maternity Hospital, Dunedin）1972年 4 月 1 日至 1973 年 3 月 31 日出生的 1,037 名嬰兒的生活。這項研究從出生時就開始了，一直持續到今天。

這些小孩從 3 歲時就被納入研究，然後每 2 年進行一次評估，直到 15 歲、18 歲、21 歲、26 歲、32 歲、38 歲和 45 歲。這項研究關注的範圍很廣泛，從家庭健康到確定家庭養育方式的社會和家庭決定因素，與 1987 年～ 1988 年時他們只有 15歲時相比，現在參與者已經為人父母，他們的生活方式、行為、態度和健康的情況又是如何。

自制力是成功關鍵

「達尼丁研究」支持後天培養勝過先天的觀點，亦即我們的性格和環境並非一成不變，在我們的生活過程中有一定程度的自決權。研究人員最重要的發現之一是，我們可以教導所有小孩或成人一種會直接且積極影響他們未來財務、身體和情緒健康的特殊能力，不論他們的成長背景或個性為何。

這項能力便是自我控制。

具有權威性、當然也最知名的的「自我控制」測試或許就是「棉花糖測試」。測驗期間，孩子們被單獨留在房間裡，面

前的盤子上放著一塊棉花糖。大人事先明確地表示，如果他們能在大人回來之前忍住不吃第一塊棉花糖，就會獲得第二塊棉花糖作為獎勵。

表現出最有自制力的孩子使用自我分散注意力的方式來避免吃棉花糖。孩子們避吃棉花糖的方法各不相同，有的唱歌，有的轉移視線，他們爬到桌子底下，有的低下頭、閉上眼睛、趴在桌上，或有的乾脆看向他處。

在隨後的一項實驗中，孩子們成對地被安置在房間裡，並給予前述棉花糖的同樣指示。在這種情況下，他們要麼互相鼓勵，要麼動搖彼此的自制力。

現在，自我控制或自我制止（或自律）可能已非革命性或令人興奮的概念，但它對我們財務的影響卻是非同小可。

讓我們做個假設，把棉花糖換成債務、信用卡或先買後付的服務。或者，如果我們把棉花糖換成海外度假、健康體驗、最新的必備包包或最新的科技小玩意？如果我們把它換成我們喜歡動用儲蓄的習性？或者在壓力大的時候偷偷摸摸地血拚？

有多少人曾經很快地吃掉了自己的財務「棉花糖」？或者是被朋友、家人或媒體鼓勵而忍不住吃掉它？或者你曾經鼓勵其他朋友吃掉他們的棉花糖，讓你對自己放縱財務的行為感覺好些。

我也是這麼想的。

鼓舞人心的是，「達尼丁研究」結果指出，我們不會因為迄今所做的一系列特定破壞性行為，就意味著永遠都會這樣。

研究人員最初發現，兒童的自制力可以得到改善，但最終確定成人也可以發展這項能力，這點可透過此項研究中的一些兒童看出，10% 參與的兒童在 3 歲時被認定為「失控人格」。這些孩子通常高度緊張，不能很好地應對新鮮事物和變化，常常很容易生氣，很難自控。那些一貫鼓勵要有組織性和常規的父母發現，他們可以抵消孩子失控人格所帶來的無紀律。

但研究人員發現，這種性格不受控制的孩子在任何年齡都可以藉由正確的規則及干預，受到鼓勵且學習自制。

這對我們意味著什麼呢？這顯示，雖然我現在的自制力很差，但並不意味成年後就不能建立起一些機制，使我能夠採取或提高自制力。這就像那些用棉花糖分散注意力的孩子一樣。

習慣堆積法

我以自己的生活舉一個例子，我用對自己財務表型的理解來規範自己缺乏自制力。

還記得我在本書開頭提到我與食物相關的行為特徵嗎？我的一個可觀察行為特徵，就是一見到巧克力，就完全失去自制力。我用分散注意力的技巧、規則和獎勵來控制這種行為，並嚴格規定家裡允許存放的巧克力種類和數量。實際上，這包括只在特定地點購買特定品牌的巧克力，根據我鍛煉的時間來約束我的巧克力消費，甚至在戒除巧克力時要求其他人監督我。

我創造了一些行為來彌補我無法自我控制，這個系統對我來說非常有效。這意味著我可以盡情享用巧克力，而不會過度放縱，也不會有罪惡感。

同樣地，當談到我的財務行為時，你可以觀察到我對於支出和儲蓄的自控能力都很低。我也是使用分散注意力的技巧、規則和獎勵，以及管理我的環境來自行調控。我還會確保我的儲蓄不是採用現金形式。意思是我得要保有一個小小的信用卡額度，把我的投資放在事業、股票、房地產和退休金方面 —— 這些是我不容易或不願意花掉的地方。

我的規則系統中有一個例子，稱為「習慣堆積」（我將在 Part 3 討論）：我在衣服和鞋子上每花 1 美元，就必須投資 1 美元在股票上。這限制了我的消費，同時增加了我的儲蓄。藉由這個方法，我創造了一種行為來彌補我缺乏自制力，也約束了我破壞自己財務的能力。

這意味著現在的我可以享受今天，而未來的我也可以透過我採用的習慣而受到照顧。

現在，我可能會哀嘆自己應該要在經濟上成熟起來，還不斷地責備自己差勁的自制力。或者，我可以慶賀認識到了自己獨特的財務表型，並創造了與我的優勢相結合的系統和技術，為自己提供良好的財務服務。結果是，我可以沿著適合自己的道路，進行各種財務抉擇並且邁向財務自由。

以下的章節都是關於幫助你做同樣的事情，讓我們從第一步開始：觀察並認識到教養和環境如何影響你與金錢的關係。

我們透過識別你的財務表型中的「教養」成分來做到這一點，
也就是你的金錢故事和環境。

　　理解你的金錢故事，就是直面並揭示你的生活經歷如何塑
造你的財務狀況，甚至還敢和別人分享。這是了解你成長的環
境和現在所處的環境是如何影響你的財務行為，並探討這對你
是有利還是有害。記住，我們並不是要評判，只是用一種好奇
的眼光來審視自身財務方面的養成經歷，想知道這些故事、資
訊、神話和由此產生的行為對我們的財務狀況是有益或有害。

　　了解你的金錢故事和環境是發現你的財務表型的第一步，
並為你創造一個獨特的系統，以幫助你實現財務潛力。

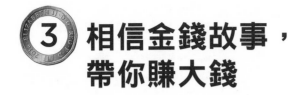

相信金錢故事，帶你賺大錢

　　雖然我們經由觀察和科學測試來了解遺傳學，但了解教養最好的方式是透過故事。這包括對自己和周圍的人感到好奇，挑戰我們本能相信的金錢資訊、神話和故事的影響力和真實性。這就是我們發現你的金錢故事的目的。

　　你的金錢故事是你獨特的金錢腳本、金錢資訊或金錢信仰的集合；是你頭腦中認為金錢是好是壞，還是不好也不壞的故事；是從你對金錢的記憶中所創造出來的 —— 無論是來自父母、家庭、同齡人、媒體或整個社會。最重要的是，單僅因為你擁有它們，並不意味你應該相信它們或它們實際上是真的。

　　這是因為對很多人來說，我們的金錢故事實際上是由金錢神話所組成的。單僅因為我們從小就相信某件事是真的，並不意味著它就是真的。讓我用一個我最喜歡的金錢故事來說明，這絕對是個金錢神話，也就是現代的存錢罐。

　　當我們想到存錢時，通常會想到小豬存錢罐。這個無關痛癢的東西已成為儲蓄的同義詞。但如果更深入地思考，為什麼是豬？我是說，當我想到豬，我想到的是骯髒、泥濘、肥胖，

可能很貪婪，當然還有培根。這跟存錢有什麼關係呢？事實是
絕對沒有關係。

事實上，現代西方的存錢罐是一個錯誤的結果。近 600 年
前，人們把家裡的零散硬幣放在普通家用陶罐裡。用來製作這
些罐子的橙色泥漿叫作「pygg」（當時的發音為「pug」〔哈巴
狗〕）。在接下來約 500 年時間裡，發生了三件事，最後我們
稱它為小豬存錢罐。

首先，罐子本身的發音發生了變化，這些罐子的發音不
再像「pug」，而是開始讀成了「pig」（豬）。其次，幾百年
後，人們慢慢忘記了「pygg」從前是指用來製作這些罐子所使
用的黏土。

後來 19 世紀一名商人發現了這些罐子，認為這真是不錯
的用品，便向一家英國工廠訂購了數百個「pygg 罐子」。當英
國陶工收到訂單時，自然而然錯把這些存錢罐製作成了小豬形
狀。不管如何，這名商人決定賣掉這些罐子，它們立即受到顧
客和孩子們的歡迎，於是我們現代童年的金錢故事，「豬就等
於儲蓄」，於此誕生了。

這除了是一堂有趣的歷史課，存錢罐的起源與你的財務狀
況有什麼關係呢？答案是：跟所有一切都有關係。

構成我們金錢故事的神話和資訊非常多，而且我們將其奉
為真理。有些是錯的或單純只是神話，有些是對的，但可能並
不適合我們。了解你的金錢故事，部分是為了要探討你對金錢
的看法，本章將利用一些例子來幫助你理解這一點。

定預算沒有用

有個廣為人接受的金錢故事，是個相當流行的金錢神話：為了成為個人儲蓄專家，你得制定並堅持預算。

很有可能這本書最初吸引你的正是一個迷思。但如果你不太相信我，請你了解研究正在證明預算不會起作用，就像我們理解節食是沒用的一樣。

英國布里斯托大學（University of Bristol）名譽教授伊萊恩·坎普森（Elaine Kempson）偶然發現了這一點。

坎普森是消費金融問題的國際權威，在開展研究和促進政策制定方面擁有超過 30 年的經驗。她在 2016 年「Good Shepherd（澳洲墨爾本非營利組織）小額信貸金融高峰會」（Good Shepherd Microfinance Financial Resilience Summit）上承認，她研究發現定預算沒用且對此感到驚訝，但我本人並不驚訝。這是因為我們更注重健康飲食，而非限制飲食，那為什麼財務狀況會有所不同？

然而，一個流傳甚廣並深為大家所相信的金錢故事是，懂得制定預算就表示我們的財務已經成熟。

一些金錢故事和神話具有文化特性，其中可能包括這樣的想法：除非你接受了正確的教育，否則你不會取得財務成功。這種金錢神話可能造成下面的結果：具有創業傾向的人可能會為了讓父母開心，參加他們不感興趣的課程；或他們可能認為從事某些職業，自然而然就等同於財務成功。對於第一代澳洲

人來說，他們希望孩子能獲得他們沒有的成功。

澳洲網路時尚零售商 Showpo 創辦人珍・盧（Jane Lu）就是個例子。她學習並從事會計工作，但不喜歡這份工作，便辭職了。因為知道父母會擔心，而且可能對她失望，她隱瞞辭職的事實，開始創業。到了今天，該公司每年營業額超過 8,500萬美元 —— 這是值得她付出心力的金錢故事。

這也是我從小到大一直相信的金錢故事。我高中畢業後直接學習法律，但發現不適合時，因為不想讓爸爸失望，我認為得繼續學習。在成長的過程中，他不斷說我是個「聰明的女孩」，因此我不能把天賦浪費在不是「真正的職業」上。

因為父親是會計，他建議我選擇會計專業，我最終也這麼做，而這純粹是為了讓他高興，而不是為了我的利益。幸運的是，我能夠利用對寫作和商業的熱愛，把會計變成對我有用的東西。我最後放棄了會計，說實話，我花了這麼長時間來做這件事的部分原因，是金錢的故事深植我心。

其他關於金錢的故事都是在不知不覺中被父母、同齡人、媒體和整個社會傳遞下來的。例如，在澳洲，我們經常被告知，購買自己的房子從財務角度來說最為明智，或房地產價值每 7 年就會翻倍。

當然，第一種說法可能對某些人來說是正確的，但就像大多數事情一樣，它不一定適合所有人。至於價值翻倍，這是建立在資料基礎之上的，資料顯示，從長期來看，位於首都的房地產平均年增長率約為 7%。由此產生了一種假設，即所有房

地產每 7 ～ 10 年就會翻倍。

　　事實上，有些房地產可以，但有些絕對不行。這是因為房地產市場中也存在房市 —— 有些是由地理位置決定，有些則是由價格決定，有些由房地產類型來決定 —— 不是所有房地產的表現都會相同。有些房地產會在未來幾年漲過整體房市，有些則會貶值。

　　但讓我們繼續推論這個金錢故事，所有的房地產價值都會翻倍。根據澳洲房產網站 Domain.com.au 的數據，2019 年12 月，雪黎和墨爾本的房地產均價分別為 1,142,212 美元及901,951 美元。如果我們以每年 7% 的平均增長率計算，意味著這些房地產在 25 年內的價值將分別達到 6,199,279 美元和4,895,278 美元。

　　問題是，過去 5 年來，平均工資價格指數（Wage Price Index, WPI）的年平均增長率僅為 2.2%。根據澳洲統計局（Australian Bureau of Statistics）的數據，全職成人的平均工資在 2019 年 11 月為 86,268 美元。如果我們使用平均工資價格指數來計算，25 年後的平均工資將是 148,635 美元，這意味著雪黎的平均住房成本幾近你工資的 42 倍。這驚人差距令人難以承受。

　　也許這就是為什麼專家們現在把首都房地產雙倍效應稱作金錢神話的原因。然而，我卻太常聽到人們把這個金錢神話當作是毋庸置疑的真理。

女人要有錢

其他金錢故事可能圍繞在一段關係中誰掌控金錢，金錢是好、是壞、是邪惡，甚至是男人是否應該總要照顧伴侶的財務。看看最後一個金錢故事。

男人應該照顧伴侶財務，這似乎是一種浪漫的、老派的、無害的觀點。但當一個女人掙得比伴侶多的時候，這對他們意味著什麼？她是否會因為不想讓另一半顯得比較弱勢，而排斥要求加薪？或者，這可能會導致單身女性在遇到白馬王子之前，暫停追求她的財務目標？這是否意味著在一段男方收入較低的戀愛關係中，金錢是不可觸及的議題？這對於同性伴侶而言又意味著什麼？

談談另一個經常出現的金錢故事：女人喜歡花錢，男人喜歡儲蓄；或者男性比女性更擅長理財。要想知道這個金錢故事是否真實，以及它的來源，可以先看看女性認為會影響自身財務狀況的一般「故事」，比如有學問的女性傾向於產生「匱乏心態」，覺得自己不夠好。

也許認為自己不夠好、不夠瘦、不夠聰明、不夠漂亮、不夠有才華、不夠安全、不夠有把握、不夠健康、不是出身好學校或地區；或認為自己不是稱職的母親／妻子／朋友／姊妹／女朋友。我相信很多女性可以在這裡加入自己的版本。

現在，對正在閱讀本書的你來說，毫無疑問，會認為這真

的是太折騰了，但我可以告訴你，真的就是如此。我多年來不斷聽到這些話語，讓我非常痛苦。對許多女性來說，問題在於這是一個根深柢固的故事。在我們想要質疑或審視問題所在之前，「不夠」的想法就已自動產生。從我們醒來那一刻到睡前那一刻，它就是揮之不去的背景雜音。

這種「不夠」的想法成了一種缺憾心態，而且成了一種比較文化，不僅跟鄰居比較，還與社群媒體上有影響力者推送的、虛構的完美形象進行比較，製造出讓我們陷入失敗境地的毒素。

這是我們作為女性從外部環境接收到的資訊，遺憾的是，很多人已經「接收並理解」這種情況。換句話說，是因為我們相信自己做的還「不夠」的金錢故事，所以才會感到缺憾。

不相信嗎？來看一個女性在理論上應該與男性平起平坐的例子：我們自己的事業。2015 年，澳洲統計局一項研究報告指出，商業界女性每週的收入幾乎比商業界男性少 500 美元，每年就少了超過 2.5 萬美元。

現在，商業界女性經營自己的事業，自己定價，在這領域應該與男性平起平坐。但事實並非如此，因為很多女性都不擅長定價（我以滿懷的愛心這麼說，因為我自己也這麼做過）。給產品或服務定價時，女性往往會覺得自己「正在為自己評價」，而當這種「不夠」的心態入侵時，就會影響女性給事業定價的方式。這意味著擁有自己事業的女性收入不僅低於男性，也低於在企業界擁有地位的女性的收入。

除此之外，我經常聽到女性稱自己的事業為「我的孩子」或「只是一個家庭事業」、「只是一個兼職工作」。這類言論削弱了小型企業，讓他們只能保持小型規模，以求安穩。把你的生意稱為你的孩子，或使用「只是」這個詞，都是不妥當的言語，我們作為女性需要開始彼此呼籲並改變價值觀。

這是把財務最小化的故事，是會使我們變得渺小，把身邊的人也一起變得渺小的匱乏心態。然而，女性似乎完全相信這種金錢故事。這就是問題所在 —— 當女性成功時，一些人會抨擊她們，因為她們讓我們覺得自己不如她們。

這只是一個金錢故事如何影響女性財務行為的例子，並導向另一個金錢故事，即女性比男性更不擅長理財。相信我，我可以提供更多的例子，無論是關於公司、家裡、我們的退休金、關於撫養孩子的討論、退休金分割等。

但這是否意味著我們的金錢故事是一種自我實現呢？就因為她們的金錢故事，女性會是比男性更糟糕的投資者和儲蓄者嗎？答案是否定的。

最近的研究指出，實際上女性是比男性更好的投資者。2008 年，華威商學院（Warwick Business School）對 2,800 名採用巴克萊聰明投資者（Barclays Smart Investor）進行投資的英國人進行了一項研究，追蹤他們 3 年的績效表現。受調查的女性不僅這段時間內的表現優於男性，在英國「富時 100 指數」（FTSE 100）的回報也高於男性投資者。

然而，在美國，富達投資（Fidelity Investments）「2019 年

女性與金錢調查」（2019 Women and Money survey）發現，只有 9% 受訪者認為女性比男性更擅長投資。超過 90% 的人相信女性不是優秀投資者的金錢故事，這就出現了一個問題：有多少女性因為也相信這個金錢故事而不投資，儘管研究證明這故事是錯誤的？

打破錯誤迴圈

　　金錢神話和故事可能看起來既過時、又奇怪，甚至好笑，但我經常看到它們破壞我們的財務穩定，令人在不了解原因的情況下招致損失。當涉及到我們的金錢故事和類型時（Part 2 章節會討論），我們總是避談金錢 —— 無論是在學校、家裡，還是與我們的同齡人。

　　當然，媒體會討論房價，並探討是否超出了人們的承受範圍，或是否已觸底；或在危機期間，會 24 小時發出災難性的訊息來刺激市場陷入恐慌，比如 2020 年的全球病毒爆發和澳洲的森林大火，導致大眾驚慌，股市跌破底部。但好消息或冷靜明智的報導往往沒有點擊率：這些不會讓我們想去觀看或閱讀，也賣不出廣告。

　　因此，我們需要從我們對金融的微薄理解中去解讀和辨別，但這很可能有困難。問題是，人們缺乏廣泛的財務故事會導致全球金融知識水準低落。這在全球性的調查中一再的受到

報導。

2018 年「澳洲家庭、收入和勞動動態」（The Household, Income and Labour Dynamics in Australia, HILDA）報告指出，超過半數澳洲人無法回答 5 個基本的金融問題。

在美國，2015 年金融業監管局（Financial Industry Regulatory Authority Inc.）投資者教育基金會（Investor Education Foundation）對金融能力的研究發現，只有 37% 美國人能正確回答 5 個金融問題其中的 4 個，低於 2009 年的 42%。

在英國，2018 年倫敦大學學院和劍橋大學所進行的一項研究發現，40% 的英國人購買日常用品時，連簡單的折扣都無法算對。而在解讀一幅包含基本財務資訊的圖表時，超過一半的成年人都做不到。

2015 年標準普爾評級服務公司（Standard & Poor's Ratings Services）的全球金融知識調查對 140 多個國家和 15 萬人進行全球金融知識綜合評價，發現全球只有 33% 的成年人具有金融知識。他們還發現，金融知識並未達到性別均等，調查顯示，男性具有金融知識的比例為 35%，女性則為 30%。

回想一下「不夠」的金錢故事，我發現有趣的是，接受調查的女性更有可能表示自己不知道答案。女性寧願不去嘗試回答問題，也不願答錯。

雖然金融知識水準低落的部分原因可能是缺乏教育，但另一個原因是不願談論金錢，不願分享廣泛而有深度的金錢故事，也不願理解它們如何影響我們。可悲的是，當牽涉到我們

的金錢故事時，往往局限於我們認為自己在財務上是「壞」還是「好」。

如果你認為自己揮金如土，就會認為自己不善於理財。相反地，如果你已經決定要存錢，可能會認為自己很會理財。來自較低社會經濟環境的人可能會得出這樣的結論：由於人生的開端，自己永遠不會有錢，或者前途有限；而上過不錯的私立學校、來自富裕家庭的人可能會認為自己很會理財。

如果我們相信這些金錢故事，它們就有可能真的實現。如果這是一個有助益的故事，那麼這就不是問題，但如果這是一個會限制你的故事，那麼這就很危險了。

如果你想打破這種迴圈，就要拋棄好與壞，或者自己能不能的概念，你需要從思考自身的金錢故事開始。從我們目前的討論來看，你可能會覺得這很困難。但我希望你能從這一刻開始，放下認為自己會不會理財的信念。

我希望你反而在這一刻意識到，這是關於自我發現，而非你的金融知識有多淵博。休斯頓大學（University of Houston）專研羞恥問題的布芮尼‧布朗博士說：「我們所知道的很重要，但我們是誰更重要。」後面章節會討論更多布朗的研究。

在這裡，我們對自己的財務表型所做的，是當涉及到我們如何對待金錢時，發掘我們是什麼樣的人，並找出這是我們的幫助還是阻礙。

也許我現在已經說服了某些人，讓你們相信理解自己的金錢故事是值得的，但我猜我並未說服所有人。所以，讓我提出

一個不同的論點來解釋為什麼這很重要：我相信有太多人生活在一個金錢故事裡，導致他們的消費或投資方式無法達到他們的價值。

改變你的金錢故事

試想，你可能已經決定要過一種不會傷害別人的生活。也許你已經從本質上決定，你希望自己的「人生故事」是過得健康且對環境有益。但你的金錢故事實際上卻可能導致你的行為方式與你的人生價值不符。例如，你可能參加了氣候變化遊行，但卻用退休基金投資化石燃料公司，或者因為你對快時尚或每週海外購物上癮而助長了環境破壞。

現在，有時這種事情會發生，是因為我們貧乏的金融知識——我們只是沒有意識到自己的選擇對金融的影響。但我經常看到人們這樣做，因為他們生活在一個匱乏的金錢故事中，導致他們囤積更多的「東西」；或太忙了，沒時間研究在哪花錢和投資，所以金錢故事便被預設成當沒時間時，價值觀就可以捨棄不管。

如果我們以這種方式運作，並仔細觀察自己的行為，可能會意識到我們的行為不像理性消費者。理性選擇理論是個經濟學概念，認為個人總是會做出理性、謹慎和合邏輯的決定。

對於大多數消費者來說，今天的問題是我們沒有做出這些

決定所需要的所有資訊，也不知道去哪找。此外，我們醒著的每一刻都在被一個體系推銷，而這個系統不希望我們做出理性的行為，也不希望我們得到足夠的資訊去這麼做。

這個「不夠」的金錢故事已經根深柢固，驅使太多人以為要是我們誠實，就會為此感到羞愧。但重要的是別移開尷尬的目光或忽略這個故事和隨之而來的行為，而是要認識、承認它，並為此做出改變。

事實上，我們大多數人都生活在一套無意識、未經檢驗的假設中，也就是我們的金錢故事，而它正在驅使我們的行為。我想要你做的就是認識到這一點，挑戰你的假設，挑戰你所擁有的故事和資訊，並詢問它們是不是能帶給你好處。

四十多年來，琳恩・崔斯特（Lynne Twist）一直被公認是具有全球遠見者，她致力於減輕貧困、終結世界饑餓、支持社會正義以及環境永續。根據她的說法，如果你想要清楚了解生活中的優先事項、你是誰、你在乎什麼，那麼看看你的支出就可明瞭。

琳恩在與歐普拉（Oprah Winfrey）的訪談中說：「是的！你的支票簿會告訴你，你在乎什麼。你的信用卡帳單和銀行對帳單也會告訴你。它們會清楚地告訴你什麼最重要。有時你會發現自己用錢做的事情與你的靈魂並不相符。」

這常常是我們金錢故事的悖論。通常這是我們固有的金錢信仰，當我們學會鑑別和承認時，可以意識到，這些正導致我們的行為與整個人生價值觀相反。

我們開始改變這一點，是因為意識到這不僅是自己的錯誤。我們被困在一個體系中，這個體系正積極地與我們做出理性財務決策的能力作對，這代表我們需要有意識地對抗收到的一些資訊。如果我們的金錢故事不適合自己，我們不僅要能意識到，還要能挑戰它。

我們從研究中了解到，無論你有什麼樣的金錢故事，都還是有機會改變自己的行為。但為了改變它，首先需要了解是什麼導致了這種行為。

在接下來的章節中，我希望你開始好奇自己的金錢故事，問問自己這些故事對你有益或有害。我想讓你決定想為自己選擇什麼樣的金錢故事，因為我們正要開始探討「金錢類型」，並開始重塑和重新定義你的財務表型。

④ 重寫你的金錢故事，
找出致富關鍵

到目前為止，我們已經研究了金錢故事背後的理論。現在，是時候想想你的金錢故事了。為了幫助你做到這一點，我想談談布芮尼‧布朗博士的工作。

她是休斯頓大學的研究教授，花了十多年時間研究脆弱、勇氣、真實以及羞恥。2010 年她在 Ted 演講「脆弱的力量」（The Power of Vulnerability）獲得超過 4,500 萬的點擊量，著作《脆弱的力量》（Daring Greatly）銷量也超過 100 萬冊。

現在，大多數人不會把研究羞恥和脆弱的教授列入他們想要共進晚餐的前五名人選裡，但是我會想跟她共進晚餐，因為她對脆弱和羞恥的研究與財務存在著內在的關聯，這也或許是因為我想和她一起鑽研數字和數據，她是這方面的專家。

我所知道的是，她的許多工作都與我們在處理財務方面的行為有著直接關聯。正因為如此，當我們要開始探討你的金錢故事時，我想引用布芮尼‧布朗博士的一句話作為開場白：「當我們否認那些故事時，它卻定義了我們。當我們接受這個故事後，我們就能寫出一個勇敢的新結局。」

這句話漂亮地總結了為什麼我認為我們需要承認、接受並在必要時重寫我們的金錢故事。經由理解和掌握金錢故事，我們可以重新掌控財務。因為事實是，不管你承認與否，某人或某事正在導引你的行為。

當布芮尼談到接受你自己的故事時，她實際上是在談論脆弱，或者感覺被揭穿，我看到很多工作夥伴的財務都處於這種狀態。

我認為她的研究對於我們信任自己的能力，以及經常與自己的財務產生奇特關係都有直接關聯。這是因為許多人與金錢的關係是有害且無益的。我們的金錢故事對自身沒有益處。

應用布芮尼的研究可以為我們提供一種很好的語言，讓我們能夠挖掘、識別、理解和改編我們的金錢故事。這語言包含詢問一個我先前提過的重要問題：「這個金錢故事究竟是對我有益或有害？」

當我們問這個問題時，我們開始有目的性的關注自己的財務狀況，從而重新開始自己的金錢故事。我們開始好奇自己的金錢故事、由此產生的行為，以及其影響。

我在這裡特別採用「好奇」這個詞，是因為希望對我們的金錢故事保持「好奇心」，而非只是自動接受。請注意，我們可能已經從家人、朋友和媒體那裡聽到一些金錢故事，乍聽之下似乎都無害，甚至有所幫助。

認識自己的金錢故事

在我的播客「未經審查的金錢」（Uncensored Money）上，我問來賓的第一個問題是：「從小到大，你有什麼樣的金錢故事？你拒絕了什麼，又保留了什麼？讓我們來談談我的兩位來賓的回答：來自冥想工作室「廣闊的地方」（The Broad Place）的賈姬・劉易斯（Jacqui Lewis）和企業「偶像組」（Icon Group）的凱西・里德（Cathie Reid）。

賈姬成長過程中所學到的金錢故事是：要想成功，你必須非常努力工作，且工時非常長。用她的話來說，你需要「工作到眼睛出血」。

凱西的金錢故事則很保守，主要出自她那辛勤工作且厭惡風險的父母認為她應該要買個房子，並努力工作償還貸款。

從表面上看，這兩個金錢故事似乎都合情合理。努力工作，擁有自己的房子，盡快還清貸款。但是這兩個女人在人生的某個階段，卻都有意識地拒絕了這些金錢故事。

賈姬說她工作得身心俱疲，因為她的金錢故事告訴她，長時間努力工作是獲得成功的唯一途徑。後來她拒絕了這個想法，現在她經營著一家全球冥想工作室，教授其他人如何創造平衡。

在凱西的例子中，她需要將房子二胎貸款來資助自己的公司（現在價值超過 10 億美元）。她拒絕接受父母的金錢故事，也就是每個人都必須要擁有房子，才能夠擁有安全感和穩

定性。凱西談到她理解選擇把房子再次抵押可能帶來的後果
—— 她知道可能會失去房子，她和現任丈夫斯圖爾特・賈爾斯
（Stuart Giles）必須決定能否忍受這樣的事情發生。

　　我認為，賈姬和凱西最初都遵守父母的金錢故事，是因為
她們的理財行為是模仿從小就敬仰的人。很多人都熟悉這種情
境。但這兩位女性都拒絕了這樣做，因為她們了解到這個金錢
故事不再適合自己。

　　你繼承或接收到的金錢故事可能會有所不同。重要的是要
認識和理解是什麼金錢故事，同時作為一個成年人，你應該自
問是否需要接受、拒絕或為自己做調整。從表面上看，布芮尼
的話就是承認我們的金錢故事，接受它，並決定我們是否想要
選擇寫下一個勇敢的新結局。

　　一旦我們開始認識到自己的金錢故事，可能就會意識到，
這些故事是由腦海中的聲音告訴我們的，而這些聲音不一定是
善意的，也不見得令人喜歡，或是有所助益。有些故事來自我
們的過去，來自我們的家人，來自我們的同齡人，或者，如果
你像我一樣，那些最挑剔的聲音可能是你自己的聲音。

　　怎麼讓那些聲音平靜下來呢？你得先搞清它們在說什麼，
它們來自哪裡，然後降低它們的音量。大幅度地降低音量。

　　但是用說的總比用做的容易。有時候埋頭苦幹或咬緊牙關
繼續做會覺得更容易些。這是因為如果你像我一樣，那你可能
不喜歡窺視自己的過去，這是可以理解的 —— 那裡有很多東西
讓我看著不舒服，需要很大的勇氣和脆弱，才能看到並認識到

它們的影響。

但是布芮尼的話對我來說卻是真實的，我們可以否認自己是誰、從哪裡來、經歷過什麼的故事，但這些早在我們無意識的情況下就已被定義了，其中還包括財務面。事實是，定義並非總是完美。

為什麼會這樣呢？為了進一步解釋，讓我告訴你一些我的金錢故事。

在我的家庭裡，父親控制著財務，因為他帶進家庭收入。他決定要花多少錢、媽媽什麼時候能工作，以及他們怎麼做投資。結果，我開始相信這個故事是關於權力和控制，以及在一段關係中控制財務有多麼重要。

我絕對不想成為媽媽那樣的人，她從來沒做過任何財務決策，相反地，她有很長一段時間被告知可以花多少錢、什麼時候可以工作。

現在，在你嚴厲批評我父親之前，我想說那是一個不同的時代。今天，儘管我知道這種狀況並不健康，但我仍然相信這個金錢故事的一小部分。因此，當我和丈夫托尼共同做出重大財務決策時，我仍然控制著我的個人財務，包括用自己的名字擁有一個股票投資組合，用自己的名字擁有企業，以及獨立的個人銀行帳戶。

我經常向他展示我的股票或公司的業績表現，這樣金錢在我們之間就不是祕密了，我們有時還會把我的事業或股票投資組合的收益用於共同支出或投資。但我覺得安全，因為我可以

控制自己的財務狀況，不覺得自己受伴侶擺布。

如果我不了解自己的金錢故事，我懷疑自己可能無法和丈夫好好理財。我會很想攫取控制權，支配我們的財務，尤其因為我有財務背景，可以很容易地為自己辯護，用任何財務決策來壓倒托尼。

相反地，我們生活各個方面（包括財務）都要齊心協力，這對我們來說很重要。然而，我一次又一次看到太多夫妻在權力和控制權方面互相角力的金錢故事。

另一個讓我糾結的金錢故事，是如同許多其他女人一樣，我也被不知道為什麼仍然感覺「不夠」的想法所圍繞。這種想法與我成長的環境有很大關係，包括我的童年和成年後的生活經歷。這些經歷的總和讓我產生了一種強大的受害者心態，我相信這種情況是可接受的，甚至預期我的財務將會永遠處於平庸水準。

在我看來，自身的經歷給了我一個很好的藉口，即使做不到也沒關係。如果我們檢視我的本性，我是一個高度競爭的人，如果覺得贏不了，就不會著手進行或嘗試去完成。我知道這很荒謬，但這就是我。再加上我自認為受到諸多限制和我的受害者心態。

我的意思是，如果我一開始就知道自己有所缺陷贏不了，那為什麼還要全心全意投入呢？這種心態影響了一切，從人際關係到財務，再到我在商業中的行事作風等。

檢討自己的金錢故事

現在，我可以用「教養」為基礎展開一場辯論，甚至可能說服你們，前面以受害者為基礎、不夠、受限為例的金錢故事是公平的，甚至是合理的。從在工人階級的郊區長大，到有一個前後矛盾、帶點暴力的童年，到受自己信任的成人的不當對待，到在學校裡被無情地欺負，到十幾歲時遭遇暴力性侵犯倖存下來，還有離婚時做出糟糕的財務決定 —— 所有這些經歷都可以幫助我證明自己的觀點。

我是說，給我點時間，我就能讓你為我感到萬分的遺憾。不過，就我而言，出於羞恥，我把大部分資訊都保密了，這樣就不會有人知道。這麼多年來，這種行為和故事讓我受益頗多，它們給了我一個自我破壞的藉口，讓我有正當的理由保持自己的渺小。無論是經濟上還是其他方面。

這種受害者和「不夠」的故事不僅出現在我的財務行為，也出現在我生活的其他方面，比如健康，讓我患上了飲食失調。多年來，我的事業一直想要穩紮穩打，保持小公司的規模，並試圖和其他人一樣。或者總把自己和別人的事業做比較，發現自己的不足。或者不斷追逐明亮閃爍的東西作為一種逃避策略。在我的財務狀況中，表現為揮霍無度和濫用儲蓄。

但在厭倦了自己這麼長時間的胡作非為之後，我最後終於敢問這個問題：這種行為模式，這種破壞性的惡性循環，這種金錢故事對我有益嗎？當我選擇抓著受害者故事或相信自己不

足時，有誰是真正的贏家？從那時起，我開始著手重寫我的故事，包括我的金錢故事，給自己一個勇敢的新結局。

　　我最喜歡的名言之一是荷蘭天主教牧師、作家和神學家亨利‧努文（Henri Nouwen）所說的：「關於身分，有三個謊言 —— 我就是我所擁有的，我就是我所做的，我就是別人所說的或對我的看法。」我相信，當我們想起許多自己的金錢故事時，這句話聽起來是如此真實。

　　當你開始挖掘自己的模式、故事和行為時，我希望你能思考一下你自己的金錢故事中隱藏著什麼「謊言」？你能找到那個不適合你的謊言嗎？

　　也許這個金錢故事是告訴你擁有自己房子的重要性，但你知道這個故事並不適合自己，因為你想自由地追逐全球性的工作，或因為你發現 FIRE 運動（也就是財務獨立，提前退休，你必須在極度節省開支的同時，極大化你的儲蓄，Part 3 會有更多討論）。

　　也許這個金錢故事講的是不計後果的理財行為，甚至達到上癮的程度，你沒意識到自己已經產生了類似的金錢衝動。也許這個金錢故事是關於「聰明的女孩」應該選擇明智的職業，而不是創意產業。也許這個金錢故事是關於男人應該是主要經濟支柱。也許這個金錢故事是關於你認為自己應該做什麼，或認為在你的某個人生階段或年齡時，應該達到什麼地步。

　　或者，也許你和我一樣，厭倦了感覺自己「不夠」的金錢的故事。

重寫自己的金錢故事

現在，輪到你了。因為我不想讓這本書充斥著理論，我希望你真正採取行動。以下的練習和問題將幫助你開始認識自己的金錢故事，並可能幫你改寫自己勇敢的新結局：

伴隨著你成長的金錢故事可能與你今天擁有的金錢故事有很大的不同，但認識到這個故事是什麼卻很重要，這樣你就可以了解它對你成年後的影響是正面還是負面的。花點時間回想一下童年的金錢記憶 —— 無論是你對父母、家人、同齡人、兄弟姊妹、老師、教會、文化、社區，還是整個社會的觀察。它可能是經驗教訓、價值觀、你的父母如何用錢、是否對錢感到有壓力和擔心金錢等。然後回答以下問題：

- 我從父母、同齡人、媒體和身邊的人那裡學到了什麼金錢故事？
- 這些金錢故事和我作為成年人的金錢故事有什麼不同？我今天有什麼金錢故事？
- 作為一名成年人，我拒絕了哪些金錢故事，又保留了哪些金錢故事？
- 當我想到金錢或我對金錢的看法時，我的腦海裡會出現誰的聲音？那聲音是愉快的、有幫助的、好奇的、評判的、譴責的，還是不友善的？

如果你正在努力理解自己的金錢故事，可以嘗試一些不同的理財意識練習，我在《去你的財務》（Unf*ck your Finances）一書中詳細介紹過。我給了下面一些例子來引導你：

- 說到金錢，你認為哪些屬性是好的，哪些是壞的，哪些是可以接受的？（例如，你可能認為購買屬於自己的房子是件好事，或者所有的債務都是不好的。）
- 如果金錢是一個人，你會如何描述你們的關係？（例如，這是一段深情摯愛的關係，是像你無法停止想念的前任情人，還是像一個可能會在現實生活或網路上讓你難堪丟臉的酒醉叔叔？）
- 什麼是你的財富創造價值？這些價值觀反映在你的消費和投資上了嗎？如果沒有，是為什麼呢？

認識、理解甚至厭倦你的金錢故事，或者對它做出正面或負面的情感反應，這是一件好事，但這只是第一步。

最後也是至關重要的問題是：

- 這個金錢故事究竟是對我有益或有害？
- 哪些金錢故事是我想保留的，哪些是我想拒絕的？換句話說，我想要如何改寫自己的金錢故事？

當你開始考慮重寫金錢故事時，我想回來談談布芮尼．

布朗博士的研究。布芮尼在著作《勇氣的力量》（*Rising Strong*）中，建議你可以採用一句簡單的短語，來挑戰和幫助你理解自己潛在的「神奇思維」。你可以這樣說：「我正在編的故事是……」當你開始測試自己發現的金錢故事是否有用，讓你想要真正採用，或者它們只是迷思，甚至純粹只是胡說八道時，你可以採用這個方法。

當你考慮構成你金錢故事的每一環節時，你可以使用布芮尼的這句話來達成最終結果。舉個例子，如果你的故事圍繞著一項事實：為了成為一名成年人，你需要擁有自己的家，那就把它改成「我正在編的故事是，如果我沒有自己的家，就不能成為一名成年人。」

使用布芮尼的短語，你重新定義了金錢故事，並從新的角度來判斷它是否仍然屬實。如果仍然屬實，你就可以保留；反之，你就可以拒絕接受，並決定自己想要的金錢故事。

例如，你可以拒絕上述說法，但改寫為：「為了達成專屬的財務養成版本，我需要有明確的 3 年目標，並制定一個儲蓄計畫，以確保我達到這些目標。」或者你可以這樣寫：「我相信擁有房地產很重要，但我並不需要擁有自己的住宅。」

這是一個強而有力的短語，這就是為什麼我希望你在探討自己的金錢故事以及你與金錢的關係時，使用這個短語。

更棒的是，如果你和伴侶、朋友或家人一起進行，它可以成為一個有力的工具，可以用來識別你們編造的故事，無論是關於你們的金錢故事，還是一般的生活故事。這是因為，很多

時候,「我編造的故事」並沒有什麼幫助,甚至並不是真的。
這會讓你失去財務潛力。

經由這種方式發聲和挑戰金錢故事,讓我們可以直面它,
看清它到底是什麼,而不是讓它在潛意識中引導我們的反應。
我們可以開始掌控自己的命運,而非只能依照既定模式生活。

如果你回到本章前面的例子 —— 想像一下,如果賈姬、
凱西或我一直相信我們學到的金錢故事,結果會如何?在賈姬
的例子中,這可能會導致更多的身體問題,也說不定會失去健
康,凱西可能不會成為億萬富翁,而我將會被困在小小的、安
穩的事業中,無法實現真正想要的財務選擇和影響。

在我們所有人的案例中,相信自己的金錢故事意味著我們
會更加努力工作,但最終獲得的財務回報和自由卻會少很多。

如果你能從這本書中學到一件事,我希望不是只能識別你
的金錢故事和類型(Part 2 會討論)或它們所包含的優點和缺
點,還要能挑戰、拒絕或接受它們,同時適應並加以利用。

發掘你的金錢故事,讓你可以看到自己形成的行為模式,
並確定哪些對你有益、哪些有害。

重寫你的金錢故事意味著你不再需要像一個財務僵屍一樣
生活,不必依照既定的模式進行你的財務決策,而可以自行動
手設計。我希望它能讓你帶著財務目標完全清醒地生活,讓你
能實現自己的財務潛力。

5 認識你的金錢環境，擺脫窮人思維

雖然沒有多少人能選擇自己成長的環境，但隨著年齡增長，也很少有人會有意識地在財務或其他方面營造能讓自己在現今生活中，蓬勃發展的環境。這正是我們接下來要探討的。

在前面的章節裡，我們從可能影響我們的文化、經歷、童年，甚至成長的社會經濟環境的金錢故事開始，探討了「教養」這個議題。現在，我想更深入探討，並問一個問題：你的財務環境如何？

我所謂的環境是什麼呢？就是圍繞在我們身邊，包括我們置身其中的景況、事物、社會和文化條件，以及人們等；是我們生活和成長過程中所接觸到的物質、社會和文化條件的總和，影響著我們的生活。

例如，它可能曾經或正在影響著你，這種影響可能來自於家人、朋友圈、你的教育、你在社交媒體上追蹤的對象、跟你同住的人、你所交往的對象、所讀的書、關注的事物、和你一起工作的人、你住的地方和你賺多少錢等。但它也與你周圍的環境有關，也就是你直接接觸的實際環境。

　　我相信在我們共同努力找出你的財務表型時，探討成長環境和理解它對於塑造我們的金錢故事有何影響，與探討我們現在成年時所選擇的環境同等重要。這是因為很多人沒意識到環境對於財務的影響。讓我用自己成長時期和現在身處的環境來解釋。

　　有個當會計的爸爸是我的優勢，我們在我的成長過程很少討論財務問題，但在我二、三十歲時，他是我可以信任的人，因為我知道他深具財務知識。此外，還因為他在 50 歲出頭就輕鬆退休，讓我們所有人感到驚訝，看來他不僅有財務知識，而且在理財方面也很精明。

　　我還擁有另一個優勢，我爺爺、奶奶營造了一種我喜歡稱之為「健康節儉」的財務環境。我外公、外婆能為了攢退休金存錢，冰箱裡放滿自己做的食物，他們相信食物上標示的保質期是行銷人員為了賣給你更多東西而編造出來的，我們不該只看表面價值來衡量。

　　外公、外婆每年都開著他們的大篷車去更溫暖的地方漫遊 5 個月，他們之所以能買下一套普通的家庭住宅，主要得力於外婆在戰爭期間經營自己的咖啡館（她是一位出色的廚師）所賺到的錢。

　　奶奶對服裝很痴迷（我也遺傳到這點），但作為一個單親媽媽，她無法在零售商店中放縱自己對服裝的熱愛。所以從我小時候，她就帶我去逛二手商店，教我修補和縫紉的重要性。她告訴我，不論你有多少預算，都可以擁有自己的風格，而且

每天都穿你喜歡的。

這段家族淵源讓我今天得以建立起一個金錢環境，我知道倘若我需要，我可以學父親做財務試算，但爺爺、奶奶對金錢健康節儉的態度也影響了我的日常消費習慣。我的日常開支特別節儉，這代表當我在喜歡的東西上狂花錢時，不會因此發生財務風險 —— 我不會撒謊，通常我是狂買鞋子。

透過理解我的金錢故事，並以這種方式設置我的金錢環境，現在我可以選擇在喜歡的東西上超支，因為我日常的消費都很節儉。

這種節儉擴及到我喝多少酒、在週末製作成批的冷凍食物和午餐、忽視食品包裝上標示的最佳賞味期限；如果可能，我會儘量避免被收停車費；我會享受「宅度假」而非昂貴假期；定時好採買特價商品；限制每週外帶咖啡不超過 5 次，其他時候在家自己煮咖啡；有空時自己修理鞋子和衣服，而非丟掉。

最近，我甚至改變染髮習慣，因為為了擁有一頭金髮所花的時間和成本實在太荒謬了。

如果你還記得，我出身於雪梨的工薪階層。在澳洲有一種現象叫做「高罌粟花症候群」（Tall Poppy Syndrome），這是澳洲文化中一個負面的面向，如果有人被認為比同齡人更優秀，就會遭到怨恨、攻擊或批評。

在我成長的工薪階層地區，這種高罌粟花症候群在某種程度上被加劇或放大。在那裡，你不希望被視為一個「混蛋」，就像出身更富裕郊區的人們一樣。這是一種態度，意味著你不

會被鼓勵去追求太多的財務成功。一點點是可以的，只是不要太成功 —— 你不想讓同齡人黯然失色，或讓他們覺得自己「不如別人」。

當然，這是我在自己的生活環境中經歷過的事。現在我不但把這些寫下來，還把它傳布出去，我認為我把自己給「做大」了。用俗話來說，就是我本來就該知道自己的位置。這種態度導致我改變了自己的金錢環境，我找到更大的舞台和不同的財務環境來一展自己的抱負，這裡的人們不一定會被我的雄心壯志和成功所威脅。

我的日常生活是這樣的，一週中有一部分時間住在雪梨的另一個地方，加入不同的社交團體，其中一個團體的業務規模和社交網絡中人的組成讓我感到親切，同時也會挑戰我對自己發展可能的想法。

我也選擇和身邊願意相互支援（而不是一心想排擠他人）的人共處，並與不支持我的人斷絕聯繫。這就是我如何透過改變自己的金錢環境來對抗接收到的資訊，並做出反向的反應。

你呢？在這一章後面，我將問一些問題，來確定你的金錢環境是對你益或有害，但我希望你現在就開始思考這個問題。

我談到金錢環境時，所指的並只是我們身處的環境。我們的社交圈、商圈、同伴、家庭成員等都可以對我們產生正面和負面的影響，尤其是涉及到財務問題時。我要問的問題和我們在本書中一直在問的問題是一樣的：我的環境（包含身邊的人）是對我有益或有害？

我知道有些人會認為這太冷酷無情，而且太不友善。但我並不是主張，你得根據這個問題的答案把那些人從生活中排除。相反地，你必須設定界限，這樣就可以限制他們對你的身體、情感，以及最終財務健康的影響。

有限制的慷慨

現在，我想再回到布芮尼·布朗博士的研究上。布芮尼在與羅素·布蘭德（Russel Brand）於播客「人們的工作」（The Work of The People）的討論中，談到了她的研究，她和團隊分析了他們採訪過的最有同情心的人的共同點，這些人都有一個共同變數：他們都有「鋼鐵的界限」。

布芮尼繼續解釋說，這些很有同情心的人，在接受重複的採訪時說：「我很有同情心，因為我從不讓自己受他人虐待。」經由這項研究，布芮尼和同事發展出「大」這個概念：「需要有什麼樣的界限，才能讓我誠實、慷慨地對待你？」

事實上，慷慨不能沒有邊界。但多數人都不願意設置這些界限，因為我們更關心人們的想法，我們不想讓任何人失望，多數人皆希望每個人都喜歡我們。劃定界限並不容易，但它們是自愛和可持續發展的關鍵。當然，在我的工作中，我經常把界限視為在財務上達到自愛和可持續性的關鍵。

但是，如果你喜歡討好別人，就不會喜歡設定界限。對於

喜歡討好別人的人來說，設限只會礙事。但對於在一團混亂或有家暴的家庭中長大、學會了生存或逃避的人來說，不設界限地取悅他人會對我們的財務健康產生負面影響。

布芮尼在她的書《勇氣的力量》中，講述了自己作為取悅他人者的經歷，以及這如何在她的生活中發生：

> 我們用任何能最快緩解痛苦的東西來麻痺痛苦。我們可以運用一大堆東西來減輕情感上的痛苦，包括酒精、毒品、食物、性、關係、金錢、工作、照顧、賭博、婚外情、宗教、混亂、購物、計畫、完美主義、不斷的變化，還有網路。
>
> 為了不漏掉這一長串可以麻痺自己的方法，我們總是要保持忙碌：我們生活得如此艱難和快速，以至於永遠找不到生活真相。我們用一些東西把所有的空白都填滿，這樣一來情緒就毫無宣洩之處。

換句話說，不合理的界限會造成不好的環境，這可能意味著讓自己保持非常忙碌，讓許多事物麻木自己，逃避真正的感覺，而這卻可能會給我們的財務帶來災難性的後果。我們永遠也不會意識到原因，因為我們總是忙著麻木自己和逃避。

我們要開始改變這個故事了。當涉及到我們的財務環境，以及我們允許哪些人影響我們的財務環境時，這項研究直接指出，強大的界限意味著我們能建立人際關係，同時也能限制這些人對我們財務的影響。這代表我們可以觀察和質疑自己的財

務環境到底是健康還是不健康的。

在判定你的財務環境時，以下問題可以幫忙弄清楚它是對你有益或有害：

- 我是不是太在意別人的看法了？當我與他人聯繫或互動時，我在擔心些什麼？
- 我的社交圈如何影響我的財務狀況？這些影響是正面還是負面的？從我的行為中，有什麼證據表明它們是正面還是負面的？
- 我更關心我的生活看起來是什麼樣或是我真正的感覺？為什麼會這樣？這對我的財務有什麼影響？是誰或什麼影響了這一點？
- 在那些與我的價值觀一致的活動中，我在哪些方面花錢和投資？在那些與我的價值觀不一致的活動中，我花錢和投資的方式又是什麼？對於這兩個問題，是誰或什麼在影響這些決定？

這些問題很重要，因為我們是社會上的一分子，隨之而來的是我們的行為需要被他人所接受。這是人性中很正常的一部分，這也就是為什麼許多人為了被周圍的人甚至整個社會所接受，而感到有必要按照他們的期望來行事 —— 這些通常是以犧牲我們自己想要的東西作為代價。

這種被他人接受的需求是如此強烈，以至於它開始影響我

們的日常生活。我們的財務狀況與日常生活並未相互隔絕，日常生活也會影響我們的財務狀況。所以，我們的決定經常不是基於自己想要什麼，而是基於我們認為別人認為是正確的。問問自己以上的問題，可以幫助你確認你做這些事情，是因為你認為它們是正確的，還是因為你害怕遭到批判。

如果花錢、投資和擁有某些經驗是因為我們認為這些事情是對的或社會可以接受，那麼我們去做這些事本身就沒有什麼問題。但是，當做對的事情或被期望的事，對我們來說，卻是錯誤的時候，這就變成了問題，尤其是當這些事情會破壞我們的財務狀況、甚至傷害我們的財務時。

例如，你可能成長於富裕地區，念的是私立學校，而現在每個人為了在離家近的地方購屋定居，都揹負了大筆的貸款。你也被迫這麼做。

問題是，你不想揹負一大筆房貸，你明白不能「吃掉自己的房子」，你想確保自己有足夠的自由現金流來投資其他類資產。然而，如果你無法抵抗環境對你所造成的影響，你最終可能會屈服於必須購買昂貴房屋的壓力。

或者反過來說，你可能成長於社會經濟條件差的社區，但卻夢想著要創辦一家全球性事業，同輩人都嘲笑這不可能實現，因此你開始懷疑這財務目標是否可能實現。

在這兩種情況下，你要問自己的問題是，必須如何擴展自己的環境，從而獲得不同的財務影響力？

建立正面財務環境

美國勵志演說家兼企業家吉姆‧羅恩（Jim Rohn）有句名言：「你現階段花最多時間相處的 5 個人平均起來，就會成為當下的你。」換句話說，與人相處的時間越多，你就會變得越像他們。當涉及到心態、財務環境和習慣時，這一點尤其重要（我們將在 Part 3 更仔細地研究）。

當你考慮自己的財務環境時，請想想以下關於你花最多時間相處的 5 個人的問題：他們如何影響你的金錢心態、環境、行為和習慣的？

但讓我們進一步推論這個概念，並將其發揮到極致。這是否意味著，如果我們身邊都是財務成功人士，光憑這一點，我們也會財務成功？

要建立一個正面的財務環境真的那麼簡單嗎？

我當然不是說這是財務成功的唯一祕訣。然而，至少有一些科學證據支持你採取這樣的做法。2013 年，凱薩琳‧謝伊（Catherine Shea）、愛琳‧大衛斯（Erin Davisson）以及格萊尼‧菲茨西蒙斯（Gráinne Fitzsimons）進行一項研究，名為「沾他人的光：自制力低的人重視他人的自制力」（Riding Other People's Coattails: Individuals with low self-control value selfcontrol in other people）。

這項研究著眼於自制力差的人是否可以透過與意志堅強的朋友在一起來提高自制力。在這項研究中，研究人員發現，

「反映社會自我調節過程」的觀點得到了一致的支持，在這個過程中，自制力低的人可以透過接近自制力高的人來彌補自己的缺點。換句話說，如果你的生活中有一個自認為可能是缺點的問題，你可以找一個在這方面擁有優點的朋友。他們能幫你塑造正面的習慣和行為，或利用他們的責任感來幫助你改善。

研究人員在他們的報告中承認，他們並不是指稱依賴他人就可以完全抵消自制力低落的缺點。畢竟，你的朋友不會一直跟著你，不會在你每次去買東西時都把你的信用卡拍落。

相反地，他們的研究結果指出，低自制力的人可能在試圖克服個人弱點方面扮演積極的角色，他們會有策略地尋找那些表現出色並對他們負責的社會夥伴。這些社會夥伴可能是你的同輩朋友，或你在社交媒體上關注的人，他們透過自己的貼文鼓勵你採取一種將自己的缺點最小化的方式。

這讓我不禁要問：有沒有讓你欽佩的人，他們有很強的自制力或理財習慣，你可以在生活中接觸他們？無論是在網路上、在真正生活中、在你的社交圈、你的家族中還是其他方面，你可以接觸到他們？

雖然我們可以營造出有利於我們的正面金錢環境，但也可能在不知不覺中營造出負面的金錢環境。想想這句短語：「與鄰居攀比」（Keeping up with the Joneses）。

把自己和鄰居比較並不是現代才有的現象，這個短語最初是美國漫畫家亞瑟·拉格蘭（Arthur Ragland）1913 年在《紐約環球報》（*The New York Globe*）上發表的連環漫畫的標題。

漫畫描述了社會地位不斷攀升的麥金尼斯（McGinis）一家，
他們努力要「跟上」鄰居鐘斯（Joneses）一家。

今天不一樣的地方在於，我們把自己和誰比較。這是由於
現在有社交媒體的存在，我們把自己和世界各地的同輩人（不
僅僅是我們的近鄰）相比較，更容易發現自己的不足。雖然這
種全球性的比較文化可能造成心理上的傷害，但我最擔心的是
它對於財務方面的負面影響。

為了進一步解釋，來看費城聯邦儲備銀行（Federal Reserve
Bank of Philadelphia）的一項研究：「同輩人的相對收入會導致
金融危機嗎？來自彩券中獎者和瀕臨破產公司的證據」（Does
the Relative Income of Peers Cause Financial Distress? Evidence
from lottery winners and neighboring bankruptcies）。

研究人員查看了加拿大 2004 年～ 2014 年彩券中獎者和破
產索賠有關的資料，並把研究重點放在中獎金額低於 15 萬美
元的人身上。他們發現，一個街區的彩券中獎金額越大，該地
區破產的案例往往就越多。

需要澄清的是，破產的不是彩券中獎者，而是他們的鄰居。

研究人員發現，彩券中獎者在汽車、裝修和度假等可見的
商品上花費越多，他們的鄰居也傾向於在可見的商品上花費越
多，並在投機性投資上投入更多。鄰居們將自己與彩券中獎者
進行了比較，覺得自己需要「跟上」他們的消費水準，儘管自
己實際上並未獲得橫財。

當然，由於沒有中彩券的鄰居的支出增加，研究人員還發

現借款、財務困難和破產的狀況也增加了。

當然，你隔壁可能並未住著彩券中獎者，我擔心的是，由於社交媒體和分享給我們的炫耀性消費不斷增加，我們會跟同輩人和有影響力的人相比較（其實他們根本不會買自己兜售的產品），他們會在潛移默化下影響我們，甚至導致我們破產。

進行財務排毒

在前面的章節，我們研究了你可以在生活中多親近某些人來增強你的自制力和打造一個正面的財務環境。現在，我希望你從相反的角度來看：為了建立一個健康的財務環境，你需要取消關注哪些人？

例如，因為我喜歡衣服、鞋子和講究穿著，在社交媒體方面，我關注一大堆時尚品牌和設計師。但我透過關注格倫儂·道爾·梅爾頓（Glennon Doyle Melton，《媽媽的逆襲》〔Carry On, Warrior〕作者）、伊萊恩·韋爾特羅斯（Elaine Welteroth）、伊莉莎白·吉兒伯特（Elizabeth Gilbert，《享受吧！一個人的旅行》〔Eat, Pray, Love〕作者）、布芮尼·布朗、歐普拉和其他我欽佩的人來平衡這一點，是他們讓我保持腳踏實地。

但有時我會有意識地離開社交媒體一段時間，或取消關注可能導致我財務不健康的帳戶。如果我經常隨便亂買東西，消

費增加了，或者我感覺並未主導自己的消費，而是受到外在強大的影響而消費，我便會知道他們的財務並不健康。

當然，我會進行每年 2 次，每次 30 天的財務排毒，在這段時間裡，我不買任何新東西，同時還會取消關注或取消訂閱任何使我的花費陷入左支右絀的人或事物。換句話說，我控制著我的網路金錢環境。

當然，搞清你的財務環境健不健康只是第一步。如果你所處的環境是健康且正面的，下個問題是：你如何進一步擴大這些影響？或者，如果你已經意識到自己的財務環境對你沒有幫助，或者是負面的，你如何擺它？

有些人可能很難回答這些問題 —— 你可能擔自己已經被困在一個金錢環境中，而且毫無出路。好消息是，你其實並未被困住。

三個強而有力的工具，可以幫助你建立一個積極的金錢環境，那就是差異化、自力更生和我們的老朋友 —— 自我控制。

首先是差異化。莫瑞‧鮑文（Murray Bowen）被認為是這項理論的創始人之一，根據他的說法，差異化理論是一種既能在情感上與他人建立聯繫，又能同時保持自主的能力。也就是既能與人相處，又能分開自處。這是一種能與我們的家庭和社會共存，卻又擁有不同生活方式的能力。

差異化的核心，是每個人每天都要面對的掙扎，我們想把自己定義為獨立的、自主的個體，掙脫整個社會。掙扎這個詞很關鍵，因為對許多人來說，選擇父母、同儕和社會期望我們

走的路，或按照廣告商告訴我們的方法來消費，會更容易。

當我們的生活方式違背了自己的價值觀，違背了我們想為自己設計的生活，只是為了安撫身邊的人時，我們在財務上的危險就會出現。這就是為什麼回答我在這一章提出的問題很重要，這可以幫助你確定是否正按照自己的價值觀來生活，或只是採納了身邊的人的價值觀，而不管這些價值觀是否適合你。

如果我們考慮自身的財務狀況，差異化就是願意改變你金錢環境的界限，即使這可能會引起衝突和失望，並違背身邊的人的期望。這並不意味著我們必須與可能在財務上阻礙我們的人分開生活。把這個概念和之前討論過布朗博士所研究的邊界議題聯繫起來，我們得了解自己的故事、選擇自己的勇敢新結局，並且建立「大」邊界來支持這項觀點。

第二個能幫助我們建立積極金錢環境的工具，是自力更生。〈自力更生〉（Self-Reliance）首次發表於 1841 年，是一篇很有影響力的文章，由美國哲學家拉爾夫·沃爾多·愛默生（Ralph Waldo Emerson）所撰寫，告誡人們要避免順從，並且擁抱自己的本能和想法。

愛默生認為，自力更生包含三個主要因素。首先是要學會相信自己的判斷。愛默生對人們有項著名的勸誡，就是要「相信自己」，這也是對這一要素的總結。當然，說到我們的財務狀況，自力更生的最大障礙之一就是我們不相信自己。

許多人都知道我們沒有足夠的自制力，或者我們會想知道，如果我們不明白該如何處理自己的財務狀況，我們如何能

相信自己。也許這就是為什麼很多人會盲目地依照陌生人在網路上做些什麼，或是凱倫在臉書上告訴我們該怎麼做，來決定自己如何消費。

為了發展財務面的自力更生，我們需要選擇信任自己。我們要去學習、去閱讀、去發現、去解決什麼是財務上適合我們的，就像你採用本書一樣。

自力更生的第二個和第三個要素，包括理解你要如何發展自力更生並採取行動。愛默生認為經由深思熟慮的行動，你可以培養出自我個性並抵制從眾行為，從而實現自己的目標。他談到了發展直覺、本能和內在知識，以及這種努力所需要的勇氣。因為如果你傾聽內心的聲音，遵循內心的價值觀，並創造一個獨立於規範外的體系，這可能意味著你的行事會與你身邊的人不相同。

財務上自力更生是什麼樣子呢？它是一種能力，能夠認識並改變你的金錢故事和環境，使之適合你，而不受他人影響。當然，你可能會徵求別人的意見，你會教育自己，甚至聘請專業人士，但你最終的決定將會遵循自己的財務價值觀。因為你足夠信任自己，你可以採取可能不同於社會對你期許的行動。

最後一個能幫助你創造出積極金錢環境的工具，就是自我控制。還記得棉花糖的例子和達尼丁研究嗎？自我控制就是拒絕接受「我沒有選擇這樣做，但事情就發生在我身上」這種金錢故事。這種故事為天生缺乏自制力的人創造出一個系統，它會造成我們分散注意力的習慣，並降低責任感（如果你還記得

研究結果的話，多數人都是如此）。我們將在 Part 3 深入研究習慣這個議題。

本書 Part 1，是關於確認你的金錢故事和環境。我希望到現在為止，你已經認識並確認到目前為止是誰或什麼事影響了你的財務狀況，並選擇改寫和改造這些資訊和環境。

認識和識別出你的金錢故事和環境，就好比打開一盞燈，意識到房間不是你想像的那樣，然後選擇重置、除塵、重新裝修，甚至在某些情況下搬到一個全新的房間。但歸根結底，你得要意識到自己有所選擇。這種選擇的一部分就是要創造新的故事和環境，在你開始識別和塑造自己的財務表型時，這些會對你的財務有助益。

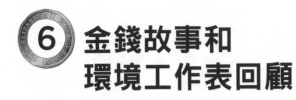

金錢故事和
環境工作表回顧

　　在之前關於金錢故事和環境的章節中，我要求你完成一些練習和問題，但有時把所有內容都放在同個地方是有幫助的。因為我不只是要你讀這本書然後點頭附和，還希望你實際回答這些問題，發現你無意識的假設，並建立新的方法來觀察和管理財務。

　　這一章沒有包含新的資訊，只是回顧了之前要你做的練習和問題。如果你在閱讀〈相信金錢故事，帶你賺大錢〉和〈認識你的金錢環境，擺脫窮人思維〉這兩章時，還沒回答這些問題，那就趕快回答吧！現在拿出一張紙，回答以下問題。

　　你也可以在 melissabrowne.com.au 找到，請點擊「Musings」（沉思），然後點擊「Your Financial Phenotype Resources」（你的財務表型資源）下載工作表，它包含我收錄在這本書中的所有例子和練習。

　　我們從發現、識別和改寫自己的金錢故事開始。以下的練習和問題摘自第 4 章及第 5 章：

- 我從父母、同齡人、媒體和身邊的人那裡學到了什麼金錢故事？

- 這些金錢故事和我作為成年人的金錢故事有什麼不同？我今天有什麼金錢故事？

- 作為一名成年人，我拒絕了哪些金錢故事，又保留了哪些金錢故事？

- 當我想到金錢或我對金錢的看法時，我的腦海裡會出現誰的聲音？那聲音是愉快的、有幫助的、好奇的、評判的、譴責的，還是不友善的？

如果你正在努力理解你的金錢故事是什麼，可以嘗試做一些不同的財務意識練習，這些練習我在《去你的財務》一書中有詳細的介紹。我已經給了你一些關於這些問題的例子來導引你，但你可以自由地提出自己的問題：

- 說到金錢，你認為哪些屬性是好的，哪些是壞的，哪些是可以接受的？（例如，你可能認為購買屬於自己的房子是件好事，或者所有的債務都是不好的。）

- 如果金錢是一個人，你會如何描述你們的關係？（例如，這是一段深情摯愛的關係，是像你無法停止想念的前任情人，還是像一個可能會在現實生活或網路上讓你難堪丟臉的酒醉叔叔？）

- 什麼是你的財富創造價值？這些價值觀反映在你的

消費和投資上了嗎？如果沒有，是為什麼呢？

認識、理解甚至厭倦你的金錢故事，或者對它做出正面或負面的情感反應，這是一件好事，但這只是第一步。

最後也是至關重要的問題是：

- 這個金錢故事究竟是對我有益或有害？
- 哪些金錢故事是我想保留的，哪些是我想拒絕的？換句話說，我想要如何改寫自己的金錢故事？

在判定你的財務環境時，以下問題可以幫忙弄清楚它是對你有益或有害：

- 我是不是太在意別人的看法了？當我與他人聯繫或互動時，我擔心些什麼？
- 我的社交圈如何影響我的財務狀況？這些影響是正面還是負面的？從我的行為中，有什麼證據表明它們是正面還是負面的？
- 我更關心我的生活看起來是什麼樣或是我真正的感覺？為什麼會這樣？這對我的財務有什麼影響？是誰或什麼影響了這一點？
- 在那些與我的價值觀一致的活動中，我在哪些方面花錢和投資？在那些與我的價值觀不一致的活動

中，我花錢和投資的方式是什麼？對於這兩個問題，是誰或什麼在影響這些決定？

弄清楚你的財務環境健不健康只是第一步。其他需要問的問題包括：

- 如果你所處的環境是健康的，如何進一步放大這些影響？
- 如果你已經意識到自己的財務環境對你沒有幫助，能採取什麼措施來脫離這種環境，並可能設置更大的界限？
- 你的生活是植基於你想要設計的生活和你的金錢價值觀，還是根據父母、同齡人和社會給你的金錢故事？
- 為了建立一個健康的財務環境，你需要取消關注哪些人物？反過來說，你需要關注哪些人來促進自己的財務平衡？
- 在你的生活中，哪些人有很強的自制力，哪些人在財務方面讓你欽佩，從而形成你強大的財務環境？

如果你想讓這項工作變得有趣並且容易堅持下去，可以讓伴侶和朋友閱讀相關的章節，並一起完成工作表。一旦我們開始理解彼此的金錢故事，就可以在財務上相互溝通，而不會受到評判和指責。相反地，我們可以帶著好奇心和興趣一起解決

我們的財務問題。

當然，到目前為止，我們只經由你的金錢故事和環境來探討教養問題。一旦你完成了這些問題和練習，是時候進入 Part 2 了，接下來是關於天性和弄清楚你的金錢類型。

Part 2

金錢類型

金錢只是一種工具。它會把你帶到你想去的地方，但不會替你開車。

——艾茵·蘭德（Ayn Rand），
俄裔美籍小說家、哲學家

7 有沒有錢，
是天生注定好的？

　　請記住，財務表型是理解我們習得的（後天教養的）和先天的（與生俱來的）特質如何相互作用的方法。我們已經探討過了教養（我們的金錢故事和環境），現在是時候來討論天性了。

　　我經常聽到人們說他們只是不善於理財；或者說因為他們很有創造力，所以他們不擅長數字。人們甚至告訴我，他們缺乏「金錢基因」！

　　這讓我開始質疑這些說法是否正確。我們的基因會使我們在管理金錢方面傾向於好或壞嗎？它會讓我們做出衝動的消費或投資決定嗎？會讓我們出現愛花錢的傾向，或是喜歡儲蓄的傾向嗎？或者反過來看，它會讓我們做出明智、一致的金融抉擇嗎？擁有好或壞的財務傾向真的很重要嗎？

　　涉及到天性時，我們會假設，我們知道自己的身體如何運作，因為每天都和自己的身體共處。然而，還有許多東西有待科學家發現。事實是，我們並非總是明白自己的天性，或是不清楚我們是如何和為什麼會以我們固有的方式行事。當涉及到我們的財務天性時，這一點尤其正確。

你可能會驚訝地發現，全世界的研究人員都在試圖回答天性和教養與財務相關的問題。他們試圖發掘我們的金錢習慣是如何根深柢固於天性中，而不是由後天教養所形成的。

根據赫什・謝弗林（Hersh Shefrin）的研究，天性在財務決策中扮演著和運動能力一樣的角色。他的報告〈生來花錢？先天和後天如何影響消費和借貸習慣〉（Born to Spend? How nature and nurture impact spending and borrowing habits）指出，只有 25% 的人生來就具有所謂的「自我控制基因」，讓我們對消費誘惑免疫。

這表示多數人在消費和儲蓄方面，都缺乏我們的老朋友「自我控制」，這點我在做財務顧問這一行見過很多，在 Part 1 的章節中也討論過了。

現在，發展和培養自我控制能力聽起來並不是什麼靈丹妙藥，也不是什麼激進的發現，但研究人員發現，當涉及到如何在財務上進行自我控制時，理解我們的天性很重要。

讓我們從研究大腦開始了解這如何運作。在過去的幾十年裡，科學家和研究人員已經開始對大腦的運作方式有了更深入的了解，尤其是對於我們的決策過程的運作。

大象的財務習慣

我們現在知道大腦有三個主要部分。首先是大腦，它是腦

子最大的部分,控制著我們的運動、思想、感官和情緒。第二個是小腦,它與我們的運動技能有關,幫助保持姿勢和平衡。第三是腦幹,它負責我們的許多自動功能,例如呼吸、行走、消化、睡眠週期、吞嚥等。

　　為了解釋大腦這三個部分如何相互聯繫,謝弗林使用了大象和牠的騎手的比喻,當我們深入探討天性時,會繼續回到這個比喻上來。謝弗林解釋說:

　　我們的大腦做出決定的方式,等同於一名騎在大象上的人類騎手。大象代表了我們習慣性、快速的思維過程,比如走路、呼吸、刷牙、處理簡單的家務。大象很強壯,但很難控制。

　　另一方面,騎手代表我們的「策略」過程,例如計畫、製作清單和其他克服我們本能的蓄意努力活動。通常,人們試圖依靠經驗法則來引導自己的行為,這就是所謂的啟發式。

　　然而,我們自己的偏見往往會導致錯誤的判斷,使我們走上錯誤的道路。我們都想獲得解答的問題是:我們如何克服本能和習慣,成功地讓騎手掌握技能,以便將大象指引向正確的方向?

　　如果我們把這些問題和我們的財務聯繫起來,大象正代表了我們所採用的那些不經思考的財務習慣。一個簡單的例子是,我們購買任何商品或服務時,都會自動點擊使用信用卡支

付，甚至不會想到用現金或簽帳金融卡。這是一種自動的、本能的行為，我們做的時候不會去想。

而騎手則代表了我們更有計畫性的財務活動。這可能包括每週留出時間來查看你的財務狀況，在設定目標方面深思熟慮，計畫膳食和寫下購物清單，以一種與你的支付和儲蓄傾向相符的方式建立你的銀行帳戶等。這是一套比大象的行動更緩慢的思考、學習和更具策略性的財務行動。

最後，大象有自己喜好的財務路線，牠喜歡走自己偏好、感覺自在，並且經過驗證的真實路線。這些路線可能是我們在〈前言〉中看到的財務經驗法則，比如支出和儲蓄規則：50% 得花費在生活所需上，20% 用於儲蓄，30% 則用來滿足欲望。或者像是在澳洲被廣為接納的金錢故事，每個人都該擁有自己的房子，要做預算，以及可以接受多少信貸等。

一旦我們了解了大象、騎手和路徑之間的關係，就會開始質疑自己的財務決策機制、自己的自動反應方式，以及我們自然會走的財務路徑，來確定這些是否真的適合我們。當涉及到自己的財務時，我們要回答三個主要問題：

1. 什麼是與我的財務狀況有關的快速思維和自然本能及習慣？
2. 我需要克服哪些習慣和本能，哪些則是我需要倚賴的？其中哪些對我有益，哪些對我有害？
3. 回想一下我在 Part 2 的金錢故事，我是不是走上了一

條我並不真的想走的財務之路？

　　雖然這些是我們的主要問題，但也許還有另一個問題正在形成中，我們應該在進一步討論之前先解決掉，那就是：是否有可能改變我們大象的行為方式，賦予我們的騎手更佳的技能，改變我們自然傾向或者無意識地走下去的道路？

　　我是那種會先翻到書的最後一頁去讀的人，所以我要在這裡把結局先說出來：我相信，我們不僅可以利用和改造我們的天性本能、偏見、故事和環境，讓這些來幫助我們，而不是破壞我們的財務 —— 這是至關重要的。

　　會有些人覺得自己的這個過程比其他人的容易嗎？是不是有些人有一頭表現更好的大象？或者換句話說，在我們將自我控制運用到財務上時，天性在我們的能力上扮演了什麼角色？科學家和研究人員正在透過研究大腦如何運作來尋找答案。

天生愛花錢？

　　讓我們來看看托德・海爾（Todd Hare）、科林・卡梅勒（Colin Camerer）和安東尼奧・蘭格爾（Antonio Rangel）在 2009 年進行的一項實驗，他們在名為〈決策中的自我控制涉及到腹內側前額葉皮質評估系統的調節〉（Self-Control in Decision-Making Involves Modulation of the vmPFC Valuation

System）的論文中提到了這項實驗。

在這項實驗中，研究人員向一群自認正在節食者展示50種不同食物的照片，一些是健康食物，例如蔬菜，而另一些則是沒有那麼健康的食物，例如巧克力和洋芋片，並同時監測他們的大腦模式。當受試者查看這些不同類型的食物並做出決定時，監控設備記錄下了他們的大腦活動。受試者被要求對每種食物的味道和健康益處進行評分，然後研究人員會根據受試者的回答建立出一個指數系統。

實驗結束後，受試者被要求根據他們被建立的指數來選擇食物。現在我想讓你猜一猜：你相信那些「自認正在節食者」都選擇了指數評定的健康選項嗎？如果你回答「不是，只有一些人是這樣」，那你就對了。

當談到天性時，我們的關鍵問題是：研究人員是否確定選擇健康選項以自我控制的人，和沒有選擇健康選項的人之間，他們的大腦活動有差異？他們當然確定了。這種差異存在於大腦區域的活動，特別是在前額葉皮質或我們大腦中思維緩慢的部分。

研究人員在實驗中確定了大腦中的兩個區域：「目標導向的決策以「腹內側前額葉皮質」編碼的共同值訊號為基礎，當運用自我控制時，需要透過「背外側前額葉皮質」（DLPFC）來調節價值訊號。研究人員稱能選擇健康選項的人為「自我控制者」。

用通俗易懂的話來說，研究人員發現，當需要做出基於價

值的決策時，區域腹內側前額葉皮質會被啟動。我想選擇巧克力還是較健康的水果？我想繼續存錢買房，還是帶著存款去峇里島度假？

而背外側前額葉皮質區則僅對尋求自我控制的人啟動。我權衡了味道和健康的好處，決定選擇這片水果。我很想去峇里島，但選擇了購買自己房子的長期目標，因此只打算去露營。背外側前額葉皮質區會調劑並節制腹內側前額葉皮質區。這就像一個內在的聲音詢問你，是否真的需要吃掉整塊巧克力，或是否真的需要那雙新鞋，或你是否可以透過自我控制而受益？

如果我們考慮一下自己的財務狀況，這些發現對於我們這類沒有活躍的背外側前額葉皮質區域或不是天生「自我控制者」的人有一定的啟示。事實上，我們其中有些人由於固有的天性，會自然而然地關照未來的自我，因而容易推遲想要滿足自己的欲望。雖然還有一些人較不耐煩，他們較想要動用自己的儲蓄帳戶，他們具有一種傾向，想要立即獲得滿足並尋求當下的回報。

這讓我不禁要問一個問題：根據這項研究，我們當中有些人天生愛花錢，有些人則天生愛存錢，這種普遍持有的觀點，是否真的是正確的？對於那些自認為愛花錢的人來說，謝天謝地，答案是否定的。

巴林心理學家安妮‧穆斯塔法博士（Anne Mostafa）等研究人員認為，我們的基因可能會導致我們愛花錢或喜歡存錢的傾向，但不一定會產生這種行為。穆斯塔法博士在接受《海灣

新聞》（*Gulf News*）採訪時說：「環境和社會對這種行為是否會出現具有主要的影響力。像多巴胺和血清素這樣的神經遞質的生化平衡在生物上或基因上是固定的。然後，其他因素會或大或小改變它們的強度。」

換句話說，雖然天性可能導致消費或儲蓄的傾向，但天性和後天教養之間的關係會影響我們是否會按照這種傾向行事。

為什麼像多巴胺和血清素這樣的生化平衡在涉及到金錢時很重要？2005 年有一篇題為〈購買的神經預測〉（Neural predictors of purchases）的研究論文，作者是布萊恩・克南特森（Brian Knutson）、斯科特・瑞克（Scott Rick）、艾略特・溫默（G. Elliott Winmer）、德拉曾・普雷勒（Drazen Prelec）和喬治・洛溫斯坦（George Loewenstein），文中研究了消費者做出購買決策時大腦的反應。

他們知道並承認的是，其他研究人員已在研究大腦對購買決策的反應。例如，大腦對於我們的產品偏好會做出反應，研究證明，注視著跑車圖片的男性與注視著普通轎車的男性相比，中腦內側前額葉皮質（MPFC）活動會增強。

克南特森和他的研究員在這項研究中發現，當一些消費者因為預期購買會帶來獲益，大腦中的愉悅中心就會被啟動。而當一些消費者認為價格過高會造成他們的損失時，大腦中的疼痛中樞就會被啟動。

換言之，研究人員可以透過大腦中生化平衡和啟動的變化，來判斷消費者做消費選擇時體驗到的是真正的快樂和痛

苦。這些選擇具有真實的情感，同時取決於大腦的啟動程度，
並影響到購買的決策。

　　但這是否意味著我們都已根深柢固，會成為吝嗇鬼或是大
肆揮霍者，就取決於我們所經歷的快樂和痛苦的程度？

天生吝嗇？

　　2008 年，美國經濟學暨心理學教授喬治·洛溫斯坦（George
Loewenstein）發表的研究「吝嗇鬼和揮霍者」（Tightwads and
Spendthrifts）發現，人們會感受到不同程度的「支付痛苦」。
他總結道，根據痛苦的程度，決定了他們是「吝嗇鬼」或「揮
霍者」。洛溫斯坦評論說，「人們不太可能從一個揮金如土的
人變成努力存錢的儲蓄者，反之亦然……也許這是遺傳的。」

　　然而，包括穆斯塔法博士在內，越來越多研究人員認為，
儘管我們有花錢或儲蓄的傾向，但這種傾向是可以改變的。

　　她的理由是，「我們需要看看自己能控制的因素，」也就
是一個人的思維和行為，「當一種屬於『正常』範圍的行為需
要改變時，我們可以看到思維和感知的改變，這就強化了這種
行為。」（這也表明，當行為超出正常範圍，比如上癮時，就
不易改變。我們將在後面 Part 3 討論這一點）。

　　研究人員認為，有一種行為很容易改變，從而影響我們的
感官系統或固有行為，那就是支付商品或服務的方式 —— 無論

是採用現金支付還是使用卡片、智慧型手機或「先買後付」平臺等非現金支付。

2019 年，一項名為「現金、卡片或智慧型手機：支付方式的神經關聯」（Cash, Card or Smartphone: The neural correlates of payment methods）的研究中，五位義大利科學家研究了我們的大腦活動是否會受到支付方式的調節。

研究人員在論文中承認，數百年來，硬幣和紙幣的使用刺激了我們的感覺系統。他們想了解我們在使用數位化支付時，是否會受到同樣的刺激 —— 這項研究所指的數位化支付是用卡片或智慧型手機付款。

研究人員發現，使用現金付款時，大腦的腦島或疼痛區域會有更大的活動。換句話說，這個人經歷了疼痛，並產生了負面的反應。而當同一個人使用卡片或智慧型手機來支付時，檢測到的大腦活動卻要少得多。換句話說，它的傷害更小。人們的假設是，電子和數位化支付帶來的痛苦會更小。

為什麼疼痛很重要？研究人員表示，卡片和其他數位化支付方式「可能會緩解累積或支付金錢時產生的獎勵和後悔情緒」，而這對我們的消費行為會產生負面的影響。我們比較少感到後悔，所以我們花得更多，相應地存得就更少。

因此，儘管我們個人可能會自然地傾向於以某種方式行事，但是現代社會正在使我們對消費和儲蓄模式失去敏感度，因為使用數位化支付使得痛苦減少了。消費者研究始終支持這些發現。2001 年，麻省理工學院（MIT）的德拉曾·普雷勒和

鄧肯・西梅斯特（Duncan Simester）發現，當消費者使用信用卡而非現金支付時，他們的消費額會高出 1 倍。

但這些研究對我們的財務意味著什麼呢？我們可能會透過花錢還是存錢來判斷自己是自我控制者還是非自我控制者，但我們能否找到一種方法來調節大腦和多巴胺水平呢？或者我們需要拒絕科技，只使用現金呢？我們應該現在就放棄，承認我們的基因在驅動和控制著我們，而現代社會讓我們不可能對此採取任何行動嗎？

好消息是，這些實驗的總體結果指出，我們可以振作起來，知道一旦理解了驅動我們行為的因素，就可以調整自己的行為或環境，以創造更多正面的財務結果。我們並不是靠拒絕現代科技成為隱士來做到這一點，而是透過觀察和認識到我們內在的財務行為，並開發獨特的系統，使我們在財務上受益。

事實上，我們可以做出一些改變來產生立竿見影的效果，比如有時從數位化支付轉換為現金支付。或者從其他地方找到多巴胺刺激，而不僅是靠花錢來得到快感。例如，我們有可能從其他地方接收到多巴胺，這可能包括照射充足的陽光、冥想、聽音樂、充足的睡眠、定期鍛煉、攝入益生菌、少吃飽和脂肪、多吃蛋白質，甚至做愛。

當然，雖然先天可以賦予一些人內在的獎勵系統，為他們帶來財務上的優勢，但你也有可能為自己創造環境類型，塑造一個類似的環境或新的途徑。這意味著你可以自行創造有利於自我控制的環境。

雖然了解我們天生的行為是有幫助的，但多數人都不是隨身帶著一群研究人員和科學家，來幫助發掘自己的財務 DNA。這就是為什麼我開發了一個系統來幫助你確認自己在財務上，傾向於如何表現自己，這就是：你的財務表型。

了解你的金錢故事和環境是發現財務表型的第一步，而確認你的金錢類型則是第二步。

發現金錢類型（有可能是一種或多種類型的組合）可以幫助你的騎手準備管理大象的工具，引導牠走上你希望牠遵循的金融道路。

以下幾章將討論金錢類型的概念，並幫助你發現自己的金錢類型。金錢類型並非不良行為的藉口，也不是將你歸類為一種固定的行為方式。相反地，它們是設計來幫助你理解你天生如何處理自己的財務狀況，這樣你就能放大自己的優勢，最小化自己的弱點，並養成一套適合自己的財務習慣。

8 了解自己，
才能順勢致富

　　在這一章的開始，我想說，我建立了一個財務人格類型的系統。那是因為在生活中，我不喜歡被貼上標籤，對於你給我貼上的標籤，我會故意反其道而行。當然，這也是很多性格測試對我的描述，包括我的星座（猜猜我可能是哪個星座）。也許這就是為什麼我進行這些測試時，通常被形容為「叛逆」、挑戰者或其他相反類型的人格。

　　正如我之前提到的，我們在金錢方面面臨的一個障礙是，我們不習慣承認或觀察自己的財務行為，因此，在缺乏自我理解的情況下，有個系統或目錄來導引我們是有幫助的。

　　當我們深入探討天性時發現，一些人正騎著一頭頑固、不守規矩的大象，牠天生就傾向於走特定的路。我們不想做的是乾脆放棄，舉起雙手說：「哦，好吧，我就是這樣，做什麼都沒有用。」

　　相反地，我們必須尋找出發揮及利用大象優勢的方法，而不是試圖與之頑抗。我們還必須找出自己先天的弱點，以及它們如何導致我們做出低級行為。最重要的是，我們得想出策略來確保自己不會屈服於這些弱點。

這就是為什麼我創造了四種不同的金錢類型，來幫助你定義和認識你在財務方面的內在行為。這些金錢類型包括：

工作者：努力工作會使你處處受益

創造者：如果你有夢想，就能做得到

洞察者：你可以用自己的方式去思考，從而獲得成功

關聯者：成功來自於合作

在前面章節，你已找到自己獨特的金錢類型。而在接下來的章節中，你將看到每種金錢類型的屬性，我將舉出真實的例子，並告訴你如何為你的特定類型培養好習慣。但在開始之前，我想解釋一下為什麼金錢類型如此重要，以及當我們試圖理解自己的金錢類型時，會特別關注和尋找些什麼。

請記住，那是因為我不希望這只是一件好玩或有趣的事，我希望它能改變你的財務狀況。

當我們著眼於金錢類型時，這不僅僅是關於最小化我們的弱點，而是理解和利用我們的優勢。現在，多數人都知道自己有先天的弱點，尤其是在財務方面，但我們並不總是了解自己也擁有優勢。我的意思是，如果你認為自己是揮金如土的人，或者一想到預算就開始抓狂，很可能你已經說服自己，你不善於理財。

事實是，你並非如此 —— 你只是在一個破碎的、對我們大多數人都不起作用的系統中掙扎著。這就是為什麼我們必須找

出你的優勢所在，並開發一個適合你的系統。

找出財務優勢

讓我解釋一下為什麼找出並利用我們的財務優勢很重要，請看 1950 年代唐納・克利夫頓（Don Clifton）完成的一項速讀研究，當時他還是內布拉斯加大學（University of Nebraska）的研究員。

這項研究從兩組讀者開始：一組是天才型讀者，能夠以每分鐘 350 個單詞的速度閱讀；另一組則是以平均每分鐘 90 個單詞的速度閱讀。

研究人員決定讓兩組受測者參加同樣的速讀課程，看看會發生什麼事。隨著理解能力增進，以每分鐘 90 個單詞的速度閱讀的那組人，閱讀速度提高到每分鐘 150 個單詞，也就是提高 66%。而天才組的進步則更為神速，不斷增加到每分鐘 2,900 字，達到 828% 的驚人成長。

順便說一句，讓我感興趣的是，研究人員發現，只有不到 10% 有天賦的速讀者沒有意識到自己有這種天賦。他們認為自己的閱讀速度是很正常的，因為他們不知道其他正常的閱讀速度是怎麼樣。就像我們很多人都沒有意識到自己天生的財務天賦一樣。

我相信這個速讀的例子很清楚地解釋了為什麼理解我們金

錢類型的優勢如此重要。我們可以認識和理解自己內在行為中的優勢，藉此制定一個計畫，進而利用和發揮已占有主導地位的優勢。由於多數人無法經由研究人員、科學家和神經傳遞質機器來發現內在的財務優勢，我認為了解財務天性的第二種最佳方式，就是了解我們的金錢類型。

但是，在我們進一步討論之前，你可能會為自己貼上一個巨大的標籤而興奮。理解並非所有人都屬於同一類型是非常重要的。其實，我希望我們都是同一類型。因為如此一來，生活就會變得簡單許多。

事實上，很多人都是混合的金錢類型，都有一種主要的金錢類型和一種次要的金錢類型，一種居於主導地位，另一種則是居於次要地位。例如，我們可能主要是一名創造者，但也有一些關聯者的成分。或者，我們可能主要是一名洞察者，但感到壓力時，會把自己默認為工作者。

這些章節是用來幫助你了解自己的主要和次要金錢類型的優勢，並發揮這些優勢，這樣你就可以加快自己的財務潛力。還記得天賦異稟的速讀者如何透過利用和發展內在優勢，來神速提高潛能的嗎？我們想在這裡達到相同的成果。

同樣重要的是要明白，無論你是哪種金錢類型，都沒有什麼可評判的。沒有哪種金錢類型比另一種好。

每一種金錢類型都可以在財務上成長茁壯，也可能會表現不好，有些人會逃避理財，有些人則能夠好好地存錢和投資，但有些人也可能不顧後果或無意識地亂花錢。我們要做的是觀

察你天性可能傾向的行為，讓你可以憑藉自己的優勢在財務上領先，而不是單單依賴一個你希望適合自己的同質系統。

同樣重要的是，你要認清自己花錢方式的弱點，這樣就能意識到它們，並養成行為和習慣，限制它們對你財務的破壞力。

財務激流帶你變有錢

一旦我們了解自己的金錢故事和類型，並建立一套適合我們的習慣，這種力量應該有點像一股財務激流。現在，如果你住在海邊，你就會明白這個比喻，但是，讓我快速對其他人解釋一下。

許多人都明白，海洋安全與游泳池、湖泊或河流的安全有著天壤之別之差異，當遇上激流將我們拖入大海時，我們需要採取的行動是反直覺的。我們的本能是直接向岸邊游去，但相反地，我們需要在激流中隨波逐流，儘管我們看起來像是被直接拖到海裡，而那裡正潛伏著危險。

創造一股金融激流是建立一個為我們的成功量身訂製的系統，而不是試圖與日常生活中的激流相搏鬥，或者與我們認為應該做，但實際上對我們來說卻是錯誤的事情做鬥爭。換句話說，我們要利用激流的力量來獲取利益，並帶動我們向前。

事實是，我們可以繼續因為自己不守紀律而嚴格責備自己，可以堅持做那些對我們來說不合適的投資，可以試圖說服

自己不要追逐多數大眾，可以試著逆流而行。或者我們可以設法了解自己和我們的行為，並建立起一套與我們的優勢相結合的流程，在財務上保護自己並推動我們前進。

當你流覽以下章節時，想想你天生擅長什麼，或者你天生傾向於如何表現；以及思考什麼會讓你覺得掙扎，什麼讓你覺得不自在。

現在，當你們讀到最後一句話的時候，有些人會回答：就是錢啦！對於某些人來說，談到錢時，要列出自己的優點和缺點感覺比登天還難，因為說實話，你覺得自己有一大堆缺點，卻沒有很多優點。或者，也許你在努力思考自己的優勢。

這就是為什麼我們要從你的金錢故事談起，這樣你就可以思考為什麼自己會有那樣的感覺，並且把腦中的故事和實際傾向的行為分開來（請記住用「我正在編的故事是……」這句短語來對抗這些情緒）。

但這也是為什麼當我要解說這項測試或不同金錢類型時，會使用表格、現實生活中的例子、非財務的例子和故事，這樣你就有很多不同的方法來應用，同時把這些資訊和自己聯繫起來，如果你真的很難做到，或許可以想想自己在食物、鍛煉、工作或人際關係上的行為。藉由你更熟悉的概念，將能在自己的財務方面識別出類似的行為來。

本書一開始的測驗量表有助你確認自己是哪種金錢類型。當然，一旦你讀完了這些章節，如果覺得另一種類型更適合自己，你可以發揮好奇心，甚至可以採用混合的類型。你將能分

辨出自己是否屬於一種特殊的金錢類型，因為它可能看起來不吸引人、不協調，甚至完全是錯誤的。沒關係 —— 這並不意味著這樣的金錢類型是錯誤或有問題的，只是說明你並不是這種金錢類型。

和往常一樣，如果你有伴侶，可以和對方一起做，這樣你們在金錢問題上就更能和彼此溝通。如果你有工作夥伴（甚至是朋友或家人），我鼓勵你們一起看看你們的金錢故事和類型。

我將在整章中舉例說明，在我自己的生活中，與不同金錢類型的人相互之間的關係會起什麼樣的作用。但如果你和一個對你來說金錢類型不合的人在一起，那麼一定要開始搞清楚為什麼會這樣。也許你認為伴侶在金錢方面做得「不對」，但實際上這只是因為他們在財務方面的表現方式與你不同。

當你發現你的金錢類型和對方不相同時，不論你們是伴侶或是其他關係，你必須要做的最重要的事，就是確認這種情況的存在，開誠布公地討論，你們可以談談彼此的優點和缺點，以及可以如何相互支援，同時採取良好的財務策略，讓彼此都感到安全還有被支持。

如果我們總是試圖違背自己天生的行為，會感到筋疲力盡。這就是為什麼很多人在財務上認輸，然後在財務方面自我放棄，或者只是順其自然，然後希望能擁有最好的結果：這真的太難了。了解你的金錢類型將幫助你設計一個強大的系統，不需要你付出多少努力，就能把你拉向你所計畫的未來（或者你會敢於計畫未來）。

9 解析你的金錢類型

工作者

財務態度	能夠掙到錢，就去做
金錢特質	務實
金錢口號	努力工作讓你無往不利。緩慢且穩定地進行能讓你贏得最終的勝利
信念體系	我有價值，因為我付出了很多努力
優點	勤奮、一貫、忠誠、以事實為導向、以舒緩的腳步長期深耕、以及遵守規則
缺點	死板、過於謹慎，容易因長時間工作或過度工作而疲憊不堪，可能會為了完成工作而忽略自己的理想
你如何賺錢	個人努力、積蓄、房地產
遇到壓力時	可能會因過度分析而力竭癱瘓，不願意放棄坐擁大量現金，可能會一直工作到倒下為止
代表性精神動物	牛：耐力、勤奮

工作者的財務狀況

如果你是實用主義者，你可能歸屬於工作者金錢類型。

在財務方面，你可能是一個直截了當、實事求是、以結果

為導向的人，通常會儘量不讓情緒分散你的注意力。你會身體力行 —— 你更關注把自己的想法落實到現實世界中應用，而非抽象的概念。你喜歡按部就班有秩序地進行，而非抽象推理。

　　談到財務和投資，你是以結果為導向。工作者金錢類型想要看到實物的證明、成果、行動和實證。你對財務方面相當勤奮（你是龜兔賽跑故事中的烏龜），但你通常都很執著，願意努力工作，並建立起長期的成果。

　　身為工作者的金錢類型，你通常對不切實際的夢想沒興趣，而是相信經由努力工作可以實現目標。工作者通常有良好的職業道德，也經常會遵守規則。那是因為你相信努力工作是積累財富的方式。

　　你很有可能會投資房地產，因為房地產很安全，你可以接觸到，並且可以深入了解。如果你能讓這項投資更具保值性，你就會更喜歡它。

　　你會被安全機制所吸引。即使你能很安心地購買投資型房地產，如果能進一步降低風險，你就會採取行動，例如申請澳洲防禦型住房計畫，你願意接受一個較低的回報率，來換取附加的安全保證回報，同時租戶也不會惡搞你的房地產。

　　或者，你可能會傾向於在居住的地區購買投資型房地產，因為你了解這個地區，因此對你來說比較安全。你會很注意去確定你的利率，並想盡快還清房貸。

　　當涉及到消費時，工作者們可能會陷入有時狂花錢，有時又極度節儉的模式。他們通常都很節儉，但有時可能會無意識

地超支，因為他們太忙了，沒有意識到花費的成本。這可能包括因為時間不夠而在食物上花費過多，或者忘了取消用不上的服務，或者你根本沒注意到自己還在為它們付費。

你的衣櫃裡可能有 12 件白色 T 恤，或者櫃子裡有 6 罐咖啡或 8 包衛生紙，因為你會在不知道自己並不需要這些東西的情況下便購買。因為工作者通常不會有意識地花錢，而當他們花錢的時候，通常會是突然間過度花錢，但他們很快就會回到平常的消費習慣。

你是現實主義者，能接受自己不可能擁有一切，願意妥協來取得想要的結果，即使這種妥協意味著無法得到想要的一切。例如，你可能會在大學附近買一處成本較低的房地產，它可能會帶給你較低的資本增長率，但卻能帶來較高的收入。或者你工作的時間可能越來越長，儘管明白這可能會損害你與新交往對象的關係。

工作者的自我價值建立在他們的成就或所做的事情上 —— 工作比財務來得更重要，這點有點矛盾。

你不會為新年計畫或願景板而煩惱。你不一定要以獎勵為基礎，但通常你會有只要努力工作，就可以實現的簡單目標。

工作者的弱點是他們對工作所採取的專一態度。雖然這種專注可能意味著他們是成功且忠誠的工作者，但也可能意味著他們容易筋疲力竭。他們天生相信成功是一種線性關係 —— 付出的努力越多，回報就會越大 —— 而對沒有表現出同樣奉獻精神和自律的人感到失望。

　　當工作者感到不確定，或者正經歷某些變化時，他們不會去做一些不同的事情，而是會更加努力工作，最後會陷入一種窠臼，做一些不再對自己財務有幫助的事情。他們也可能會錯過機會，但沒有意識到這一點，因為對他們來說，只要能透過努力賺到錢，那就足夠了。當然，在工資下降和低通膨時期，這可能是面對財務難關時的解方。

　　工作者也往往會簡單地做更多他們所知道的事情，因為這樣更容易。例如，他們可能會在同一個地點購買多處房地產，倘若他們的投資或該區域的房價下跌，他們就會面臨風險，或者他們可能只考慮按小時收費，而不是採用根據價值的定價或線上銷售服務，因為這是他們所知道且安心的；他們有過於謹慎的傾向。

　　如果你在做生意，你可能是一個生意人而不是企業家。

　　你可能會發現你已經為自己取得一份工作，並願意投入長時間努力工作來完成這項工作。你可能沒有預見或考慮過退出計畫，同時也不會委派別人來幫忙。你可能很難抽出時間休息或給自己放個假，因為其他人不會像你一樣努力工作。

工作者的人際關係

　　工作者可能會被其他不像他們那樣實際、以結果為基礎的金錢類型所困擾。與工作者合作的人也可能會因為他們的僵化、只願意透過自己的努力來賺取收入、喜好長時間工作以及不願意承擔風險而感到挫折。

如果你是不同金錢類型，想要在財務上與工作者建立聯繫，你需要準備一個深思熟慮的計畫，而不只是一個簡單的想法。準備好讓工作者仔細思考，找到你可以幫助他們建立起財務（或採取較小的財務步驟）的方法，而不是在財務方面進行大變動。

如果你和一名工作者合做生意，你會欣賞他們的職業道德和願意投入工作並完成任務，然而，你可能會感到挫折，因為他們可能看起來很忙，而他們所忙的事情在你看來卻是錯誤的。換句話說，他們很忙，但效率不高。

怎樣才能從他們身上取得最好的效果呢？你可以和他們一起花一點時間，把他們的精力和注意力集中在你們雙方都認同的適合你們的財務方向上。然後讓他們自己去做，如果你需要調整他們的方向，你得記得回來查看一下狀況。

工作者的代表人物

如果你是工作者的金錢類型，你會相信努力工作，並且腳踏實地，通常對一大堆廢話不感興趣。臉書營運長雪柔‧桑德伯格（Sheryl Sandberg）、希拉蕊‧克林頓（Hillary Clinton）和梅麗莎‧梅爾（Marissa Mayer）就是著名的工作者例子。

定期休假，避免過勞

梅麗莎‧梅爾在任職「雅虎」（Yahoo!）時曾說自己每週工作 130 個小時。有趣的是，《衛報》（*Guardian*）報導稱，

雖然梅麗莎晚上只需要 4 ～ 6 個小時的睡眠，但她認識到自己
的工作者心態，每 4 個月就會安排 1 週的假期。這是一個工作
者充分運用自身優勢（如果這對她有效），同時透過定期放假
來避免過勞的例子。

靠勞力賺錢，容易變成工資的奴隸

我能舉的關於工作者的最詳細例子是丈夫托尼。他是理療
師，二十多年來一直是一家繁忙的理療診所的合夥人。在此期
間，他還與許多不同的運動團隊一起工作，包括全國橄欖球聯
盟（NRL）、板球、網球和划槳隊。

我遇到托尼時，他基本上有兩份全職工作。他每週在理療
診所工作超過 45 小時，同時擔任一個專業 NRL 俱樂部的全職
物理治療師超過 40 小時，包括和這支球隊一起四處征戰所有
比賽。他和梅麗莎・梅爾一樣，是典型的工作者，相信透過自
己的努力 —— 而且是大量的努力 —— 來賺取收入。

托尼和像他這種工作者金錢類型的人所面臨的危險是，他
們可能成為「工資的奴隸」，即使他們是經營自己的事業（我
所說的工資奴隸是指他們被困在工作中或被工作所束縛，因為
沒有其他投資或收入來源）。這是因為他們優先考慮自己的工
資或賺錢的能力，卻因為缺乏信心或時間，因而不一定會去做
投資。

所以，雖然他們可能憑藉努力工作獲得了不錯的收入，但
這並不等於他們創造了大量資產。事實上，許多工作者的資產

與其他類型的工作者相同或更少，儘管他們覺得自己工作得更努力，這可能會讓工作者感到沮喪和氣餒。

我和托尼在 2006 年開始交往時，他的銀行儲蓄帳戶裡有一大筆錢，他多年來一直打算用這筆錢買房子。問題是他工作太忙了，根本沒時間做其他事情。我還懷疑，他不確定該去哪裡買房，也沒有時間研究其他替代品。由於缺乏時間和信心，他停止了尋找，轉而全心投入工作，因為這可以產生不錯的收入，其實他也不必急著購買資產。

這種賺取收入的能力對工作者來說既是優點又是缺點。如果工作者只依賴於賺取收入而不去建立資產，這可能是一個致命的弱點。

然而，除了銀行裡的現金，托尼確實還有一些資產。當他買下物理治療合夥公司時，也買下了大樓的一部分，因為他了解生意和地理位置，也明白把房租送給自己而不是付給房東是有道理的。他不需要花時間去研究或分析，這樣做他可以擁有資產，而不只是握有現金。換句話說，它讓工作者能擁有一項安全、了解且容易執行的投資。

我們剛認識時，托尼也有未繳的個人所得稅。他已經把稅務的事情外包給一名會計，以為這樣就可以搞定，所以就把這些事拋諸腦後。對托尼來說不幸的是，這名會計並未幫他繳稅，結果把事情搞砸了。

托尼意識到他需要外包，這對一名工作者來說是一個很好的金錢習慣，但他卻沒有去檢查，以確保承包的人會把事情做

好。托尼的例子正是許多工作者的典型做法：他們一邊工作，一邊希望其他一切事情都會自行解決。

2018 年，托尼賣掉理療診所的合夥經營權。當我和他討論賣掉經營權後的不同收入來源時，他最終還是決定回去做一名契約制的理療師，這是典型的工作者金錢類型的反應。由於他對自己很誠實，他很難想像除了運用自己的努力以外還有其他賺錢的方式。他習慣於做讓自己感到自信和舒適的事情，這些事情仍然能帶給他想要的收入。

除了他的工作能力，托尼另一個優點是他不太花錢。他意識到自己投入的時間和為了金錢他得有多努力工作。他還喜歡大量現金帶來的安全感，不希望看到由於胡亂花費造成現金減少。然而，因為他很忙，不喜歡列清單或計畫，他會經常不經意地買很多已經擁有的東西。在這方面，他可能因為無意識地忽略，因而浪費了一些金錢。

現在，由於人們不是獨居，金錢類型也會在我們的戀愛關係中相互影響，這就是為什麼理解伴侶的金錢類型（和金錢故事）很重要。因為我想讓你們開始分享彼此的故事和經歷，理解其他人是如何在財務上相互影響，我要在這裡分享托尼和我的互動。

在我的例子中，我是洞察者（關於洞察者，見 137 頁），並擁有少量的工作者金錢類型。過去，我一直對托尼除了透過長時間工作來掙錢，不願意做任何其他事感到沮喪和驚訝。

為了改變他的行為，我試著告訴他我的時薪是多少，我試

著帶他去聽專家的講座，讓他了解不同的策略，我試著告訴他如何用不同的方式賺錢。

托尼可能是我所認識最聰明的人之一，理論上他理解不同的策略，但他說他知道自己不會去做其他任何事，因為他可以透過自己的努力掙到錢。用他的話來說，他「懶得做其他任何事」。最終，我不得不放手讓他以自己感覺最自在的方式賺錢。

然而，因為我知道他的天性傾向於個人努力，所以我不會把我們的投資決定交給他。相反地，我負責管理我們的家庭投資，定期向他彙報最新情況，這樣他就知道我們的金錢狀況，同時也會感覺自在，而且不必擔心細節。

我們何時進行討論取決於投資的規模。對於一筆超過 1 萬美元的股票交易，我可能會在事後解釋我的想法，但如果是購買房地產，我們總是會事先討論。

托尼很高興把我們的自我管理退休基金（Self Managed Superannuation Fund, SMSF）投資交給我，我投資和交易股票都不必和他討論。這是因為雖然他對結果很滿意，但他不願意參與其中。如果我出了什麼事，我給他的建議是賣掉我們的 SMSF 資產，把基金轉到一個產業基金。這是因為我知道他會忽視我的投資，這可能對他不利，如果他設立一個產業基金，然後忘記它，這對工作者來說往往是一個更好的選擇。

對於我作為一個洞察者是如何掙錢的，托尼的反應是偶爾會問我：「你如何再賺錢呢？」或者因為我「不工作」、開會、吃午飯、不去辦公室而跟我爭論。雖然他很欣賞我的工

作，但我敢肯定他並不認為我有一份真正的工作，因為他既定的想法是，你是靠計時工資賺錢。

在我們關係的不同階段，我對托尼投入的時間感到沮喪，覺得他不僅把工作放在我們的關係之上，同時也置於其他事情之上。我們建立起每週一次的溝通，來討論何時該工作、何時休息、哪天晚上可以約會，甚至是否需要預訂一個假期。這樣，透過簡單的討論和安排日程，我們可以優先考慮彼此，我感覺受到重視，托尼仍然可以努力工作。

托尼就像許多工作者金錢類型一樣，不喜歡設定目標，所以我們就隨意地把每週檢查進度稱為「週日溝通」，運用這樣的方式建立起一項預期。

在每週的開始，我們會討論並排定優先工作事項，而不會導致瞎忙。我們還制定了一個簡單的行動清單和優先事項，列出了「我們如何才能擁有最好的一年」，這樣就滿足了我設定目標和制定策略的需求，但我們兩人要一起努力達成。

具有「工作到倒下為止」的心態

另一個工作者金錢類型的例子是我財務教育公司「金錢扶手桿」（The Money Barre）的聯合創辦人勞倫·勞（Lauren Law）。

多年前，我和勞倫討論過她可以購買我的會計公司 A&TA 的股權。那是因為我想要獎勵她的努力，我認為她的貢獻至關重要，同時這也是一個聰明的傳承計畫。

我記得她回答：「絕對不行。」雖然部分原因可能是因為

會計不是她職涯長期計畫的一部分，但另一個原因是，她覺得當雇員比自己當老闆舒服得多（然而，並不是所有的工作者金錢類型都是這樣的，就像托尼一樣，即使是自己創業時，他們也會經常有一種「工作到倒下為止」的心態，無法授權給別人或在精神上休個假，他們實際上是為自己買下一份工作）。

勞倫也不願意採用以獎勵為基礎的給酬方式，因為她覺得自己的工作已經得到了報酬，而且天性上，她是非常努力的人。她雖然對股票市場著迷，但對房地產的信心和安全感卻要高得多，而且非常願意盡快償還債務。然而，勞倫雖然是工作者金錢類型，並不意味著她只願意做日常工作。

勞倫還努力發展出一個小型房地產組合。她採用與托尼相似的方式做到了這一點 —— 她以自己身為一名工作者的自律，來約束自己的消費習慣，基本上她在 1 年內削減自己的支出，甚至在買了第一套房子後，還持續監督自己的花費。她同時也把自己願意花在每棟房地產上的資金維持在安全範圍內，購買的平均房價比雪梨或墨爾本的平均房價還要低得多。

勞倫多年來也一直對股票感到興趣，但一直缺乏信心去進行投資。當線上會計系統 Xero 上市時，她早已知道這家公司的歷史，也了解他們會有所發展，但她仍然不敢真的去投資。

隨著時間過去，我會告訴她股價漲跌，鼓勵她閱讀有關股票投資的書籍、聽播客，同時註冊投資相關網站。所有這些教育終於有了成果，當最近 COVID-19 疫情使股價大幅下跌時，她終於鼓足信心買了少量股票。但她還是需要時間（在這個案

例中,她花了好幾年)、信心,並且只投資了一小筆錢。

　　勞倫和梅麗莎·梅爾一樣,意識到自己需要放下工作再重新開始,並嚴格要求自己週末不工作,還養成了良好的個人習慣,比如鍛煉、享受大自然、定期週末休假、預訂年度休假。她經由確保自己有長期的財務目標、短期的財務和放假目標,以及日常健康和健身目標這些方式,成功管理了她最大的資產之一 ── 她的工作能力 ── 和她經常工作過勞的傾向。

創造者

財務態度	創造它,並加以體現
金錢特質	理想主義
金錢口號	如果我能夠夢想,我就能做到。我能展現自己的成功
信念體系	我有能力創造我想要的
優點	思想開放、靈活、適應性強、果斷、樂觀、善於解決問題、敢冒險
缺點	持否認態度、匆忙做出決定、容易受到快速致富計畫的影響、可能不喜歡處理資料、可能純粹基於情緒做出決定
你如何賺錢	企業家精神、獨創性、身體力行、夢想出做生意和投資的新方法
遇到壓力時	可能會超支,在沒有資料的情況下迅速做出決定,並陷入既定的思維方式
代表性精神動物	猴子:詭計多端、投機取巧

創造者的財務狀況

如果你是企業家或理想主義者，你可能歸屬於創造者的金錢類型。

在財務方面，你很樂觀，有能力也願意承擔財務風險，並且嘗試新事物。你所做的一切都與可見的、改善和展現有關，對於這類型的某些人來說，在做的時候就已非常享受當下（而且成果看起來不錯）。

你相信並跟隨直覺，經常被情緒引導，並且會發現很難從邏輯上解釋你的一些決定。

當涉及財務和投資時，你會被自己的夢想出賣。你會對新的、創新的事物和創造自己命運的能力感到興奮。你是財務上的「短跑健將」（你是龜兔賽跑中的兔子），實際上也很努力工作、會全心投入並且不斷地為自己努力。你把投資自己看作是一種財務上的投資。

創造者金錢類型的人通常不是著眼於長期目標，而更像是企業家和具有遠見的人。當他們周圍的人都能處理好細節時，他們的工作表現最好。創造者相信，只要你能想像，就能實現，這個信念延伸到財務狀況。

你更有可能投資熱門股票、科技初創企業，或投資於房價可能起飛地區的房地產。你不太可能投資藍籌股、建立長期事業，或在一個能帶來緩慢但持續增長的地區購買安全度高的房地產。因為你會被馬上可見的成效所激勵，而非未來才可知的緩慢發展。你會被思想、事物和人的成長、創新和轉變吸引。

　　有些創造者通常會因為活在當下的心態而容易過度消費，你的心態認為「最終一切都會變好的」。你可能在某些事情上超支，同時也會給你帶來新的經驗。創造者要麼認為他們總是能實現更多目標，要麼就是選擇視而不見，不想知道真正的成本。對於創造者來說，如果你能找到讓你在不受束縛或超支的情況下還能夠安心的投資，對你會較有幫助。

　　例如，與其因為想要自由移動而不想買房子，你可能寧願考慮購買一處可以出租的投資性房地產，來取代自己租賃。

　　你是一個理想主義者，因為相信自己能夠解決問題，能想像出比其他任何設想都要好的結果。這並不意味著你的想法總是實際的或符合現實，但能深入了解便是讓你的想法成為可能的第一步。

　　你經常會發現自己對於建立願景、參加目標設定研討會，或設定新年新目標的會議更感興趣，而不是實際去做些什麼。但是，如果你對這個概念夠感興趣，而且能找到一個具有創造性挑戰自己的方法，你就會全力以赴。通常成功的創造者會用他們的遠見激勵他人，並促使別人來負責細節。

　　有些創造者的弱點可能是對金錢的病態痴迷，這表現在他們對金錢的渴望，而其他一些人則表現在他們不願意去處理金錢，還會否認自己在金錢方面的才能或需要金錢上。這是兩種極端，導致他們在沒有足夠資料的情況下，純粹憑直覺做決定，而且容易受到快速致富計畫的影響。因為他們願意賣掉夢想，而且不需要確認隱藏其後的本質。

創造者可能傾向於利用自己的直覺和創造力，特別是在商業或做財務決策時，他們需要發展出根據資料做決定的習慣，而不是簡單地依賴直覺。

如果你在做生意，你可能是一個真正的企業家，因為你在創業時，可能已經有了退場策略，同時也已經有了另外開啟四項事業的想法。

你是創新者而不是追隨者，願意利用行業知識來創造新的機會。你寧願尋求投資或者出售，也不願意為你的孩子建立可以繼承的事業。你將問題視為可以用創造性解決方案來解決的機會。

創造者的人際關係

創造者可能會因為其他金錢類型的人而感到受挫，因為其他人不像他們那樣理想主義，能從大局著眼，也不像他們那樣敢於冒險。那些與創造者合作的人可能會因為他們心不在焉的態度、無法用數據來解釋決策、容易受到新的想法所影響，以及他們會被新奇的事物所分心而感到沮喪。

想要在財務方面和創造者合作，你必須訴諸於他們的創造力、解決問題的能力，向他們展現創意的新奇性和原創性，以及可以取得的短期收益。你得要有心理準備，創造者願意快速做出決定，但對於數據卻不為所動，你得找到讓他們對於今天和明天的夢想感到興奮的方法。

　　創造者可能會對過於謹慎的工作者感到特別沮喪，但是如果你能讓他們感到安全，他們就會和你很般配。你會擁有一名努力工作來實現你的生活願景的夥伴。

　　如果你與一名創造者合作，無論是在生意上還是在感情上，你可能會因為他們迅速投入投資或產生某些商業想法而感到不安。或者你可能會被他們為了一個偉大想法而豪賭的意願嚇到。你能幫助他們實現理想的做法，就是鼓勵他們投資，但要在雙方同意的範圍內。

　　或者反過來說，雙方先對你不想冒險的金額達成協議，這樣你就會感到安全，同時也讓他們能夠自由發揮。

創造者的代表人物

　　如果你是創造者，這並不意味著你就具有藝術天分；我說的是你創造、激發、設計和展現的意願和能力。你可能目前還沒有在財務方面發揮出來，但會在其他方面展現，從角度角度來考慮這樣做對你來說是有意義的。

　　你會對這些感到十分自在（如果你拒絕承認自己是創造者金錢類型，你一定會有所自覺）。你是理想主義者，有潛力成為企業家（如果你在一家公司或小型團隊工作，你也可以成為一名內部創業家），願意冒險和嘗試新事物。

　　我認為，創造者的例子有Showpo執行長珍·盧（Jane Lu）、維珍集團（Virgin）創辦人理查·布蘭森（Richard Branson）、

特斯拉（Tesla）執行長伊隆‧馬斯克（Elon Musk）、「The Collective」創辦人麗莎‧梅森格（Lisa Messenger）和 Spanx 創辦人莎拉‧布蕾克莉（Sarah Blakeley）。他們都是理想主義派、善於解決問題、具有創新精神的冒險家。

創造者的負面例子可能包括美國持續最長時間的龐氏騙局之一的罪魁禍首伯納‧馬多夫（Bernie Madoff）。

在我們的例子中，我要用麗莎‧梅森格來做說明，我認為她是創造者的一個很好的例子。

創業領域的權威

麗莎是 Messenger Group 的執行長，這個集團成立於 2001 年，迄今已為公司以及個人客制化出版了四百多本書，並整合 Messenger Publishing、Messenger Publishing 和 Collective Hub。

麗莎已經撰寫和與他人合著了超過 26 本書，她或許也因為著作而揚名於世，麗莎同時也是「Collective Hub」的創辦人和總編輯。她在 LinkedIn 上描述「Collective Hub」是一個多平臺的創業生活集成網站，旨在顛覆、挑戰和激勵企業。透過這些活動，麗莎成為創業領域的權威。

她的自傳從很多方面展現了自己如何成為一名創造者，她不但是一名多產的作者，同時也開了很多家公司。作者不一定是創造者，但如果你看一看麗莎所寫的書，你會發現她就是屬於創造者這一類。她的書在風格上與一般的商業書籍大不相同。書裡有許多圖片、非常有趣、具有創意、風格輕鬆，還包

括日常口號、正念練習等。

　　麗莎對於出書的態度是她發揮自身金錢類型優勢的另一個例子。無論是在出版業，還是在她的所有事業中，麗莎都在尋找具有顛覆性、有趣、同時具有創意的解決方案。這包括她出版書籍、接洽公司來贊助或購買她的書，而不是仰賴在書店上架銷售，因為她意識到這對她來說會比在書店販賣還賺錢。

　　2018 年，麗莎關閉這家成立 5 年後成為「Collective Hub」一部分的紙本雜誌。當接受艾米‧莫洛伊（Amy Molloy）採訪被問及為什麼決定關閉這家雜誌時，她給出的理由基本上就是身為創造者的態度。她說：「因為發生了一些事，而且是非常重要的事情，我從身為一名有趣、具有創造力、能夠改變遊戲規則、引領思想、敢於冒險、總是站在發明、前進和創造最前沿的人，變成不得不照顧一家規模擴張過速公司的營運面。」

　　我最欣賞麗莎的一點是，她願意談論金錢和數字，這是我們許多人（尤其是創造者金錢類型的人）都不願意做的事情。在與莫洛伊的訪問中，麗莎對於關閉《Collective Hub》雜誌的原因也顯示了創造者金錢類型的一個弱點，就是「新奇事物症候群」（Bright Shiny Object Syndrome）。她說：

　　很諷刺的是，我在上一本書中用了整整一章的篇幅來闡述你得要愛上數據、釋放內心的極客的重要性。但在這段巨大的成長時期，我卻讓自己的專注力減弱了。我有如此多的途徑、副產品和貢獻者需要追蹤。我知道我們的社群正在迅

速發展，對我們的產品比以往任何時候都更滿意，這是我的首要任務。但我不知道我們的財務狀況到底如何，也不知道接下來會發生什麼事。我一直專注於品牌、社群和未來的發展。我迴避了一些細節。

我之所以引用麗莎的話來強調她的創造者金錢類型，是因為創造者通常都有動機去創造，然後繼續前進。當他們的想法成型或成功時，他們就會變得焦躁不安，想要繼續做下一件事。我並不是說這就是發生在麗莎身上的事情，但她上面對自己的描述往往就是一名創造者慣有的狀況。

2019 年夏天，澳洲發生了一場災難性的森林大火危機，麗莎漂亮地展現了她混合創造者金錢類型的優勢來籌措資金。她想出了點子，經由社交媒體製作成視頻內容。在這樣做的過程中，她圍繞著問題和需要的解決方案提出了見解，強調哪些地方可以空投物資來號召人們採取行動，並呼籲大家提供食物、冷藏貨車、汽車等來集結援助的力量。

在她的宣傳、視頻和內容中，她都充滿激情，試圖運用創造力來動員她的社群，找到解決危機的辦法。當給予創造者一定的範圍，鼓勵他們採取具創意的反應來調適問題，而非只是遵循規則或按指令行事時，他們便能達到最佳狀態。

麗莎也是一個很好的例子，彰顯出一名創造者所選擇投資的其他資產類別可能不是那麼突出，但卻可以創造出良好的投資備援。麗莎談到當《Collective Hub》雜誌處於危機時，她有

能力出售個人投資的房地產來幫助公司度過難關，因為她擁有
這些較具安全性的個人資產。

只有當創造者金錢類型的人與其他金錢類型的人合作時，
他們才能完全發揮自己的創造力。珠寶設計師薩曼莎·威爾斯
（Samantha Wills）、時尚造型師瑞秋·佐伊（Rachel Zoe）和
服裝設計師尼基·齊默爾曼（Nicky Zimmerman）就是這樣做
的創造者金錢類型。

在每個案例中，這三位極具創造力的女性都有意識地與另
一位掌管她們日常業務的金錢類型專家合作。

在薩曼莎的案例中，跟她合作的是一名投資者，瑞秋是
她的丈夫羅傑（Roger），尼基則是她的姊姊西蒙·齊默爾曼
（Simone Zimmerman）。在每一種情況下，這種合作關係都允
許擁有不同金錢類型的合作夥伴將他們的優勢發揮出來，並允
許創造者發揮他們的創造性、藝術性和波希米亞風格。

這並不是說這些創造者放棄了承擔自己的財務責任，而是
聘僱了某些人來擔任這個角色，並對此負責。

對於你的個人財務，你可以學習這些女性的例子。你可以
從外部找一個人來幫助你完成這個角色，這樣你就可以集中力
量去做你最擅長的事情。你可以採用一名能幹的財務顧問、記
帳員，確保你的團隊中有多樣化的金錢類型成員，或者讓一名
同伴或家庭成員為你擔任這個角色，因為他們在制度面、流程
上和其他你可能每天都在掙扎的事情上特別能幹。

雖然你不需要成為企業家才能成為創造者，但我認為你可

以在一個組織中扮演著「內部企業家」的角色。你可能在公司內部或在一個更小的團隊中進行內部創業。如果不允許你這麼做，你可能會想要迅速跳槽。或者，你的投資風格就是屬於創業模式，以滿足你的金錢類型所需。

當然，僅僅因為你擁有不只一家企業，或者在你的工作或角色中具有創造性，並不意味著你就屬於創造者金錢類型。很多人認為，因為我寫過好幾本書，開過好幾家公司，所以我一定是企業家和創造者。

雖然我很有創造力，也有創業的傾向，但我其實是透過我的洞察者金錢類型來做到這一點的。我將在後續文章詳細討論自己如何做到這一點。

洞察者

財務態度	勤思善學
金錢特質	有智慧的
金錢口號	我能想辦法成功；對於一些洞察者來說：教育是成功的關鍵
信念體系	我的聰明才智是成功的關鍵
優點	視野開闊、有邏輯性、洞察力強、有智慧的、有鑑別力、能獲取和運用知識
缺點	評判性、可能過於依賴過去的結果、傾向於過度思考、可能會因為過於簡單或其他人都在做而放棄一個想法或投資某件事

你如何賺錢	思想領導、根據自己欣賞的專家的意見進行投資、在競爭中智勝
遇到壓力時	可能會不一致，因為過度考慮而不必要地拖延和推遲決定
代表性精神動物	狐狸：敏銳、敏捷

洞察者的財務狀況

如果你具有邏輯性，喜歡推理且有智慧，你可能歸屬於洞察者金錢類型。

在財務方面，你喜歡謹慎理性的決定，這對你來說是正確的行動路線。你需要洞察、證明並依靠自己的智慧（無論是街頭智慧還是書本智慧）來做出財務決策。

當涉及到財務和投資時，你需要的是洞察力、證據和深思熟慮。你要理智地理解這項投資，為什麼這是一個好主意，機會成本是多少。在你了解風險和回報之前，一般不會採取任何行動。然而，一旦你真正理解，就可以利用你的洞察力和適應性，迅速找到解決其他金錢類型可能會遇到的障礙的方法。

作為一名洞察者金錢類型，你不害怕努力工作，但你也不喜歡為了積累財富而花越來越長的時間工作。相反地，你更願意利用你的時間和智慧，為一個財務問題找到最敏銳、最聰明的解決方案。

洞察者通常會對正念、表現或創業等概念抱持懷疑態度，並具有潛在的判斷能力 —— 這些概念對你來說通常過於模糊。

然而，你樂於討論哲學、心理學或者其他研究技巧，並將這些抽象的原則以更有邏輯性、推理性以及研究性的方式應用於你的財務。

你更有可能因為崇拜分析師的聲譽和專業知識而投資於一項資產，而不是基金，如果分析師跳槽，你會跟隨他轉到另一支基金。或者你可能接受欣賞的經紀人的建議或經濟學家的數據，或者如果你沒有時間或不想自行研究的話，你會直接找上一家房地產研究機構。

但你也不介意自行梳理資料、閱讀書籍、參加課程來找到更多的資訊，這樣你就可以做出更好的決定或自己進行投資。當別人看不到時，你更有可能看到大局。儘管你很重視研究，但你不想像工作者一樣陷入細節之中。

如同工作者一般，洞察者在處理他們的財務時，也會出現有時亂花金錢有時又過度節儉的現象，但洞察者會嘗試有邏輯地證明他們的支出是合理的。在大多數情況下，洞察者在日常生活中是節儉的，這有助於他們維持平衡。他們最有可能在思想和教育上進行自我投資，可能擁有成堆打算要閱讀的書。

從邏輯上而言，洞察者可以理解自己的無意識消費，但並不總是會對此做出改變。對於洞察者而言，為財務基礎建立有形的、實用的系統對他們很有助益。

你的投資風格和借貸習慣比其他金錢類型更容易改變。例如，雖然遊戲化通常對創造者最有效，但如果你的投資或財務可以遊戲化，這可能會激發你的好奇心，讓你比使用試算表更

有動力，儘管你很樂意使用試算表來檢查你的進展情況。

你不會執著於傳統，所以可能覺得沒必要擁有自己的房子或進行傳統類型的投資。你會投資於對你來說有意義的標的，而不會因為某些事「一直以來都是怎麼做的」就跟著去做。

洞察者的一個弱點是他們的判斷 —— 包括對自己的判斷、對他人的判斷，以及他們不願從眾的判斷（如果駕馭得當，這最後一點也可以成為他們的一種優勢）。這之所以會被視為是弱點，是因為它會導致你延後財務決策，你也會拒絕那些可能適合你的財務決策，只因為其他人都這樣做。

你也很難承認自己錯了，別人對了，也很難改變策略或接受現狀。這是因為洞察者認為受人尊重很重要。當這個評判的鏡頭對準你自己時，可能會導致一種高度揮霍和儲蓄的行為，端視你把金錢看作好或壞。你可能非常願意把錢花在一個人或一個你相信的想法上，而對不利的一面卻缺乏足夠的省視。

洞察者有時也會用金錢來麻痺自己，因為他們可能傾向於冷漠，喜歡務實和安全，而不是混亂。他們傾向於過度思考，導致分析癱瘓，無法做出財務決策。

洞察者金錢類型的人可能會在新年目標上有自己的想法，例如，「我要達到最好的一年」，但無法理解只是為了實現目標而制定新年計畫的概念。

如果你在商界，你可能是一個思想領袖，或者因敏銳和適應性強的商業技能而受人欽佩。你可能有策略眼光，有創新精神，也具有大局觀，但你在商業上的弱點可能是你的想法和執

行面並不一致，或者不願意接受你的想法有不好的趨勢。

你更有可能自己創業，而不是購買特許經營權，除非是你在海外發現，或者你比他人更早採用這項事業。但總的來說，你可能會發現以規則為基礎的特許經營模式並不適合你喜歡質疑的天性。

洞察者的人際關係

「洞察者金錢類型」的人可能會因為其他金錢類型的人而受挫，因為其他人會跟他們爭論：「但是事情一直都是這樣做的。」雖然他們需要從邏輯上理解投資，只要確定數據有所關聯，經過充分研究與合理就可以。

其他不同金錢類型的人與洞察者合作時，可能會因為他們財務方面多變或古怪，以及不願跟隨或相信其他人所做的事情而感到沮喪。

在財務上，如果你想與一名洞察者建立聯繫，你必須向他們展示大局，用一些資料給他們一些選擇，並詢問他們認為什麼是最佳的方法，或者他們是否可以找到另一條路徑。你得有心理準備，洞察者會打破現狀，直言不諱地表達他們的觀點和推理。你可以透過問一些具有挑釁性的問題，甚至向他們提出你認為做不到的事情，為他們尋找明智或有趣的財務計畫解決方案。

在商業領域，洞察者的優勢可能在於策略方面，他們能夠

洞悉一切，甚至超越競爭對手，但他們的弱點可能是同時追逐太多的想法。如果受到挑戰，他們可能會顯得很易怒，可能會很快做出判斷或批評。

你應該讓他們參與健康、激烈的辯論，而不是爭論，並且發揮他們的智力優勢，如此，你就能讓他們發揮出最好的效果。給他們設限，在智力上挑戰他們，可以讓他們發揮自己的長處，同時有效限制他們的負面行為。

洞察者的代表人物

如果你是一名洞察者，這並不意味著你受過高等教育，或代表你智力超群。相反地，你很可能依賴與生俱來的智力來做決定。你有可能是從書本上獲得這些智慧，也有可能是從生活中學習到的。

眾所周知的洞察者例子有布芮尼・布朗，她是一位教授、講師、研究員和暢銷書《脆弱的力量》的作者；提摩西・費里斯（Tim Ferriss）是暢銷書《一週工作 4 小時》（*The 4-Hour Work Week*）的作者；詹姆・柯林斯（Jim Collins）是一名研究員、演講者、顧問和暢銷書《從 A 到 A⁺》（*Good to Great*）的作者。這三個例子都是以其獨特的思維方式而聞名的思想領袖，並且都以這種方式來賺錢。

我基本上是屬於洞察者金錢類型，我將自己描述如下。

我已自行開創或與他人共同發起三項事業（包括一家會計

師事務所 A&TA、一家財務教育公司「金錢扶手桿」和早期一家學前教育中心 Thinkers.inq），我寫過四本書（包括《賺更多錢好買鞋子》〔 More Money for Shoes 〕、《太棒了，但也破產了》〔 Fabulous but Broke 〕、《去你的財務》，以及你現在正在讀的這本），另外還寫過兩本工作手，我也替報紙和雜誌撰寫專欄，同時還上廣播、電視節目，也到各個公司、各種會議去做演講。

你可能把我這個階段和麗莎・梅森格做比較，並疑惑我為什麼不是創造者金錢類型。然而，不同的是，我之所以出書和創業，其實是由於我的想法構成的優勢。我透過成為所在行業的思想領袖來運作我的想法。

作為一名思想領袖，意味著我是一個值得信賴的資訊來源，可以用創新的想法推動和激勵人們；把這些想法變成現實，了解自己成功的原因，並且教大家如何複製。我以不同的方式思考概念、策略和不同的領域，並挑戰其他人也去做同樣的事情。

在某些方面，這與創造者相似，但與創造者不同的是，洞察者的一個缺點是，雖然我能想出很多好主意，但在進行推銷時，我並不總是表現得非常出色。我必須把我對計畫、策略和行動的熱愛帶到銷售過程中，這樣才能確保我不僅想出了好點子，而且還能從中賺錢。我必須教導自己在商業上表現精明，而不僅僅是一般的聰明。也就是要學到街頭智慧，而不僅僅是書本上的智慧。

　　有時，我得要找到優秀的人，付錢讓他們為我做這些事。當我把自己的想法用於行銷我的業務或想法時，我能夠從不同的職業、業務、領域和哲學中吸取經驗，並將這些應用到我正在做的事情上。我覺得這很簡單也很自然。

　　另一項身為洞察者的缺點，是我容易缺乏一致性。這是因為就像一名創造者一樣，我容易受到「新奇事物症候群」的影響──不同的是，身為洞察者，我們會被想法和我們可以遵循的策略路線分散注意力，而這條路線可能比我們目前正在走的更好。

　　就我個人而言，我就像一隻創意園丁鳥，我會被我們能做的其他可能性所吸引。為了避免這種情況，我會先確保我的團隊中有優秀的工作者，他們會採取實際行動來實現我的想法，我使用系統和模型來確保自己能掌控全局，我也試著採取一致的做法，這樣我就可以繼續發揮自己的想法。這是因為，當我厭倦了一個想法時，我的客戶可能還樂在其中。

　　雖然我也很努力工作，但是我不像我丈夫那類工作者，我更想要聰明地工作，運用我的聰明想出一個更快捷的方法、一種收費更高的方法，或一種讓別人去負責繁重工作的方法。我很樂意在一段時間內努力工作，但是朝九晚五的工作對我來說並不合理，因為我可以在七個工作日內隨時完成工作。

　　我在第 4 章講過的一個金錢故事是關於安全感和自制力。我使用我的洞察者金錢類型來實現這一點，我同時採用多種方案和策略，為我的事業和收入產生收入來源。當我從研究中發

現，大多數百萬富翁都有超過七種不同的收入來源時，這激發了我去為自己的財務解決這個問題或解開這個謎題 —— 這樣既可以降低我未來收入的風險，也可以保護我不會因為無法自律而影響到自己。

這種同時運作多種策略的做法，以及準備好 A 計畫和備用計畫 B、C、D、E 和 F，對我的業務非常有幫助。當我們在 Thinkers.inq 要開啟一個新的中心卻出現延誤時，這就派上了用場。因為我們可以啟動另一種創造收入的策略，而不是僅僅因為我們的時間表被推遲就感到恐慌。

我把同樣的策略思維運用到我的投資決策中。我經常用試算表來統計我的個人投資和事業，我不會把這些做得非常詳細，但我會定期重新檢視它們，以確保我的想法是正確的。我的主要投資是在事業上，然後是房地產，最後才是股票。

擁有自己的房子，我感覺非常自在，因為讓我生活方便，而且在稅法方面也讓我覺得很值得，所以這是一項理性的購置，而不是感情用事的胡亂購買。除了住家之外，我主要投資於商業性的房地產，但我最近購買的是一套中央商業區的公寓，這也是我的第二套房子。

有趣的是，由於這次購屋混合了情感性和投資性因素，我花了將近 4 年的時間才做出這項決定，我發現這個過程非常煎熬。雖然我投資房地產是因為擁有一些房地產是合理的，但更感興趣的是發展業務創造收入來源，同時也能介入股票市場。

說到投資，我受到我尊敬的聰明人的影響。例如，「道富

銀行」（State Street）奧利維亞‧恩格爾（Olivia Engel）的方法論，並透過 Twitter 和投資簡報關注我所欣賞的經濟學家。

雖然我相信大多數人應該採用被動投資的邏輯，我所崇拜的極度聰明的投資者巴菲特（Warren Buffett）說，如果他去世了，他的遺產應該出售基金並投資於一個被動指數基金（他特別指明是「標準普爾 500 指數」〔S&P500〕），這讓我感覺我的想法獲得了驗證……然而，就我個人而言，直接投資股票是因為我相信自己能打敗大盤。

我不是理想主義者，我喜歡批判自己，也喜歡批判其他人。但我對自己的想法和計畫很滿意，當我覺得它們是正確的時候，我也願意在財務面支持自己的決策。

由於缺乏一致性（前面提到的洞察者缺點），我在消費、儲蓄和投資方面會很不穩定。我發現，有明確的界限，不讓我的儲蓄隨時能以現金的形式動用，維持一個固定的「消費銀行帳戶」，並針對我的消費和儲蓄制定具邏輯性的規則，這些都有助於讓我維持紀律和一致性。這些支出規則涉及日常生活以節儉為原則，當我有時花費太多時，也不會嚴重損及財務面。

我購買日常用品時，也會特別注意邏輯性和實務性，例如，我以前早上都會吃一片半的土司，這讓我的室友很生氣，他無法理解為什麼我不能吃下兩片，或把另外那半片丟掉。但是我只想吃一片半，把另外一半丟掉，就像把錢丟掉一樣，我會很高興第二天再把另外一半吃掉。

我也寧願步行 30 分鐘到魚市場，買 8 隻蝦子（7 隻用來做

蝦卷,還有 1 隻備用,以防 1 隻掉了),也不願在附近昂貴的百貨公司食品廣場超支。這樣我就能在白天時有更多的活動,還能省錢。作為一名工作者,托尼欽佩並理解步行可以省錢,但當我策略性地點了 8 隻大蝦時,他會嘲笑我。

在我的事業中,我也會運用強大的系統、流程、關鍵指標、議程和業務模型來建立強大的界限,這樣我就可以在不被基礎問題牽絆的情況下,追求想法。這也讓我周遭的人在我多變的性格中獲得一些確定性。

我在 Thinkers.inq 和屬於關聯者金錢類型的羅德·索珀(Rod Soper)做生意。他基本上是關聯者,但也帶有許多洞察者的特質。我們剛開始做生意時,我知道羅德以前沒有做過生意,我自然地想要幫助人們獲得知識。

在我們合作的早期,我給了他一些書去閱讀,包括詹姆·柯林斯的《從 A 到 A⁺》,我還帶他去聽專家的演講,以便提高他的技能。那是因為我相信學習和知識是帶給你商業技能的最好方式。

就我個人而言,我讀過不計其數的商業書籍,讀過大部分的 MBA 課程,參加過無數的商務會議,因為在智力方面我需要多加了解,而我的弱點是假定每個人都像我一樣。值得慶幸的是,由於羅德具有洞察者的特質,他也很享受這些歷程。然而,我漸漸明白的是,他的關聯者類型意味著他喜歡和我的聯繫,就像他喜歡和我分享經驗和知識一樣。

關聯者

財務態度	積累它、建立它、與人合作
金錢特質	合作
金錢口號	經由合作來獲得成功。照顧你所愛的人
信念體系	我有價值的原因是我對你的關心
優點	人際交往能力、與他人有聯繫、也是良好的聯繫者、團隊合作者、開發者、理解、同情心以及足智多謀
缺點	傾向於把自己放在最後、可能容易受騙、可能成為拯救他們財務損失的角色、可能對投資反應情緒化、自己無法接受他人的幫助
你如何賺錢	透過他們的門路、經驗和關係，建立長期基礎的耐心；藉由穩定和安全的投資
遇到壓力時	可能會在越來越安全的投資中尋求安全，可能會放棄或逃避所有的財務決策責任
代表性精神動物	海豚：具有社會性，想要幫助他人

關聯者的財務狀況

如果你很務實，很重視人際關係或教養，你可能歸屬於關聯者類型。

在財務上，你傾向於從經驗中學習，而不是依賴資料或專家（除非你與專家有關係並信任他們）。你被迫要去關心別人，這有時會導致你做出不一定適合自己的財務決定，這都是

因為你天性上喜歡教養和拯救他人。

在財務和投資方面，當你必須做決定時，你可能會更依賴你與他人的連結、人際關係和自己的經驗，而不是資料和見解。你可能比較喜歡你能信任的穩定投資，因為你更願意為你的家庭或團體的利益建立長期發展的標的。你的動力來自於為他人提供、回饋、拯救或建設的機會，不是為自己。

關聯者金錢類型的人不怕努力工作，但通常對他們來說很重要的是，這些不能夠損害到他們的關係和目前的經驗。相反地，他們更願意利用自己的門路和關係找到最好的解決方案、投資或經驗。關聯者通常很情緒化，可能過於謹慎，但他們也可能富有創造力，充滿好奇心，樂於與他人學習。

你很有可能投資於你所熱愛、有關係或者是感覺正確的資產，而不是一項有大量資料支持的資產。這並不是說你沒有邏輯 —— 你只是傾向於憑直覺行事，而不是憑頭腦行事。你更有可能投資於你了解以及信任的資產類別，而不太可能會想要「賭上全部家當」。如果你有貸款，可能會傾向於在做任何其他類型的投資之前先還清它，你有可能會想要為下一代留下一些東西。

儘管不喜歡負債，但一些年輕的關聯者可能會在信用卡或「先買後付」的平臺上出現問題，因為他們想和自己所愛的人一起體驗和享受當下，而不太在意財務後果。

創造者和關聯者是最容易陷入過度消費的金錢類型，他們會因為喜歡享受當下而無法為自己創造足夠的資產。對於關聯

者來說，他們可能會在與他人的體驗或為他人的體驗上超支，
而對於創造者來說，他們最有可能在奢侈品或自以為了解的物
品和體驗上花錢。

作為關聯者，你有可能擁有一種穩定且一致的投資風格，
喜歡一種「設定好就忘記」的長期投資方式。例如，選擇一種
投資基金，設立每月繳款計畫，然後不一定要常常想起或定期
檢查。

關聯者和創造者都最有可能上當受騙。創造者是因為他
們有被快速致富計畫誘惑的風險，而關聯者則是因為太過於輕
信，因此可能會被利用。

關聯者通常有種力量去激發別人最好的一面。然而，他們
的缺點是可以把一切都花在別人身上（不管是情感上還是財務
上），而自己卻一無所有。諷刺的是，不想成為負擔的觀念會
給他們帶來沉重的負擔，儘管他們完全能接受別人依賴自己。

你制定了財務上的新年計畫，想要和朋友們一起執行，但
是第二天你就會把它們忘記，除非有朋友把你捉出來和他們一
起實行目標。在這種情況下，即使你當時並不是這個意思，或
者它並不一定適合你，但你可能會覺得有義務遵守這個決心，
並和朋友們一起實行。如果你能與一個目標建立起情感上的聯
繫，那麼你可能會為它感到興奮，但是你最不可能被單純只對
你有利的財務報酬所激勵。

關聯者有一種傾向，不先戴上自己的財務氧氣罩，就在財
務上拯救別人，這樣意味著你會耗盡自己。一些關聯者認為當

別人需要幫助的時候，卻先照顧自己是自私的，對滿足自己的財務需求也感到十分掙扎。這種慷慨可能對他們的財務有害。

關聯者可能太願意在財務上信任與他們有關係的人，從而使他們最容易遭受關係密切對象帶來的債務所侵擾。關聯者會希望在財務上幫助或挽救與之有關係的人，因而忽略掉任何財務危險信號。

如果你在商界，你的優勢可能是你的人脈、網絡和關係，以及你的協作能力。作為一名聯合創辦人，你的工作表現會最好，這樣你就可以與其他人合作和建立關係，但如果你是單打獨鬥，你會更喜歡在一個合作的空間裡工作，或者與你所在行業或網絡中的其他企業主合作。

關聯者的人際關係

關聯者金錢類型的人可能會被其他金錢類型的人所挫敗，這些人只關注資料和聰明才智，不願意考慮投資中的人為因素。雖然關聯者工作努力且有邏輯，但他們與創造者相似的是，如果你試圖給他們一大堆資料，就會失去他們。和關聯者合作的人可能會因為他們的保守和他們為了拯救別人而願意冒上自己財務安全的風險而感到沮喪。

要與關聯者建立聯繫的方法是談論自己的經歷，當你與他們討論財務問題時，將社交活動作為互動的核心部分，並利用他們的機敏、人脈和耐心。讓它成為一種社交工作，或者透過

你正在做的事情、你如何消費或投資找到一種反饋的方式。你得確定你涵蓋了目前的情況，同時也表明你未來會如何為他們和他們所愛的人提供穩定的生活。

要明白，關聯者通常會想要為他們現在所愛的人保護自身的環境，但也願意耐心地建立長期關係。

在商業領域，關聯者的優勢在於他們有能力建立社群、連結起人際關係、在團隊中工作、傾聽和感同身受。他們可能會對銷售感到不自在，但如果你能駕馭和改造他們想要拯救和幫助他人的渴望，他們會成為你最好的銷售宣傳者，因為他們是如此積極地想要幫助和改善他人的環境。

你可能需要先確定，雖然你有反饋的機制，但他們理解企業仍然需要盈利，並找到一種方法來平衡社會目的和利潤，這樣他們就不會壞事和放棄。

關聯者的代表人物

如果工作者是實用主義者，創造者是理想主義者，洞察者是知識分子，那麼關聯者就是連接者。這並不是說他們不夠務實，而是他們依賴於自己的關係、經驗和本能。

他們可能是護士、社會工作者、輔助醫務人員、教師、個人助理或從事客戶服務工作 —— 也就是說，他們的職業需要培養、保護或提高他人的地位。如果他們是在銷售相關的職位，他們依靠同理心和建立個人聯繫。通常，他們是永遠會在你需

要時出現的忠誠朋友或家人，有時甚至會損害到自己的利益。

著名的關聯者例子像是歐普拉、創辦了道德消費品事業美國誠實公司（the Honest Company）的潔西卡・艾芭（Jessica Alba），還有伊莉莎白・吉兒伯特（我相信她與社區的聯繫方式讓她更像是一名關聯者，而不是創造者，但我懷疑她兩者兼而有之）。簡單地說，伊莉莎白在她的貼文中以「親愛的」開頭，這表明她是以關係的連結為主導。

當關聯者利用他們的自然傾向去聯繫和合作時，他們在商業和工作場所可以成為令人難以置信的強大經營者。他們更有可能利用集資，而不是單獨出資，並享受分享戰利品和共同投資的經驗。

由於他們的動機不一定是為了財務收益，所以與他人一起投資，這樣可以具有社交性，每個人都能獲得收益，這是一種激勵他們進行良好投資的方式，並讓他們可以保護自己（同時也能幫助他人）。

投資於有道德的東西或者在某種程度上有回報的東西，會激勵關聯者採取行動，因為這樣可以讓他人也受益。

一個例子是我在 Thinkers.inq 的聯合創辦人羅德・索珀，雖然他是混合型的金錢類型，但卻經常發揮他的關聯者金錢類型的力量。

一心想要拯救他人

羅德是一名天生的領導者和教育家，他以一種關聯者的方

式做了很多事情。他的領導和教育方法是服務型領導風格,這是一套實踐哲學,旨在豐富個人的生活,建立更好的組織,創造一個更公正和關懷的世界。我相信羅德在 Thinkers.inq 網站上的部分個人簡歷內容體現了這種關聯者的思維方式:

羅德熱中以各種形式進行學習,旨在為所有學習者提供最佳機會,以實現他們的全部潛能。經由他的工作,他的目標是透過個人成長、創造性、批判性和反思性思維和創新實踐來促進變革,從而建立一個轉型教育家和領導者的網路。

聯合創辦 Thinkers.inq 是羅德展現他的承諾和願景的一種方式,目的是要培養一個充滿創造力和求知欲思想的社群,無論是老師、家庭和孩子,都可以帶著自信、開放的思想和充滿激情的好奇心走向世界。

羅德的宗旨是創造社群、建立網絡、提供機會,而這些往往是關聯者天生的動機。羅德的動機是幫助別人而不是幫助自己。他是一個天生的連結高手,在做財務決策時,他往往會用情感和才智來引導。他也非常有同情心,在商業和個人關係中,他可能會因為一心想要拯救他人而陷入財務風險中。

作為一名洞察者,我已經在智力上培養了對合作的重視,並且我努力確保把這作為一種有效的策略納入到我的業務中。就我個人而言,我總是需要牢記並且努力達成這些事情。但是對於羅德來說,這和呼吸一樣是顯而易見的解決方法。

羅德不僅與同事合作，還與供應商、客戶和他在會議上交談過的人合作。他不只是發郵件追蹤，或者和對方邊喝咖啡邊聊，他還會偶爾和這些與他有連絡的人出去吃頓飯、喝杯酒，有時甚至是週末出去。有時候，這就是一種優勢的本質：我們往往甚至沒有意識到，對我們來說感覺像呼吸一樣自然的事情，對其他人來說卻是艱難的工作或極其不自然。

這些合作和聯繫幾乎總是為羅德或那些在 Thinkers.inq 與我們一起工作並幫助我們實現願景的人帶來直接賺取收入的機會。羅德的「洞察者」類型較弱，他明白多重收入來源的重要性，並透過合作開發了這些收入來源。除了諮詢機會之外，最近他還和另一位人工智慧專家朋友創辦了另一項事業 Personhood 360。

和具有關聯者金錢類型優點的人做生意是很有價值的經驗。因為作為一名洞察者，我喜歡商業中理性的一面，而非感性的一面。最近，我賣掉了我的會計公司，部分原因是我需要耗費精力來管理員工。

在 Thinkers.inq，羅德透過他身為關聯者金錢類型的優勢，巧妙而自然地扮演了這個角色。他不會迴避難以處理的對話，而且非常具有同情心，但對團隊、家長和我們的學員仍然採取堅定的態度。

和另一種金錢類型的人相處時，最重要的是要有耐心，並弄清楚如何發揮彼此的長處。像是羅德這類關聯者金錢類型的人，你需要和他們談論想法和知識，加以剖析，然後才能和他

們建立聯繫。我現在都會找時間和空間來做這些事情，而不是認為我們只需要在見面時把事情從待辦清單上解決掉即可。

我也開始明白，雖然我只需要理性地接受一項決定，羅德需要在情感上能夠接受這個決定。我會給他我通常提供給其他企業老闆的數字和指標，但同時也提供能夠幫助他建立這種情感聯繫的額外數字和指標。通常，這種衡量標準 —— 例如企業價值 —— 會讓他覺得自己有能力長期支持自己、伴侶和家庭。

羅德能夠把我這種金錢類型喜好批判的一面處理得很好，他會提早制定一項我們雙方都同意的規則。我們可以說「這樣做如何」，或者找到更好的解決方案，或是建立另一個想法，但我們不會立即放棄一個想法。這意味著他能夠利用我的洞察者金錢類型的智慧優勢，同時也為我們和諧的合作關係創造了良好的界限。這是我們至今仍在使用的技巧。

作為一名洞察者，我已經看到了這種與羅德共同產生想法的正面效益，現在我已經在我的其他事業上有目的、有策略地採用了這種聯繫、分享和產生想法的過程。這是洞察者金錢類型在想法方面擁有「創意園丁鳥」天性的一個例子。

人脈是與生俱來的優勢

LBD 集團的創辦人、《從我到我們》（*From Me to We*）與《你知道的人》（*It's Who You Know*）二書的作者珍寧‧迦納（Janine Garner）就是另一個歸屬於關聯者金錢類型的例子。

在商業上，珍寧是一個天生的合作者和聯繫者。她的書都

是關於人際網絡和合作的,所以這是她與生俱來的優勢。她是一個幾乎會無意識地與他人合作的人,當她與其他商界女性和思想領袖一起運作公司專案時,她就是這樣做的。

她也是一個天生的聯繫者,當她認為人們在財務面、個人生活上或生意上都能受益時,她會經常地把他們引介給對方。珍寧也有策略地和那些能夠推動她、鼓勵她和支援她的人往來,她還設計了一個架構,讓其他人也能這麼做。她後來出售的那家公司,就是為商界女性創造可以相互聯繫和支持的環境。對珍寧來說,她所抱持的概念就是我們都應該這樣做,這也是她的強項所在。

貢獻時間和金錢給需要幫助的人

關聯者的最後一個例子,我稱他為史蒂夫(Steve)。史蒂夫是一名非常善良、偶爾有些粗魯、技能嫻熟的自雇商人。他過去曾讓身為工作者的妻子凱倫(Karen)感到沮喪,因為他在平常的工作日願意幫助任何需要幫助的人,而不是優先照顧自己的業務。那是因為如果有人需要幫助,史蒂夫就會答應。他經常是來者不拒。

他是當地社區的活躍成員,其中包括擔任扶輪社理事會成員,而且是第一個舉手貢獻他的時間和金錢的人。史蒂夫的妻子開玩笑說,如果她不是嫁給他並負責家庭財務,史蒂夫就會賣掉自己的房子,把錢也捐出去 —— 他有如此強烈的內在動力去幫助別人。

　　但是當別人不願意花同樣多的時間和精力回報時，史蒂夫也會感到非常沮喪。他不明白為什麼大家都不願這麼做。史蒂夫關懷社區的方式和樂於助人的態度幫助他建立了自己的事業，這絲毫不足為奇。

　　史蒂夫自己也覺得，他對自己公司的規模感到滿意。他和妻子開玩笑稱這是他的「日常生活事業」。這讓史蒂夫能夠賺進家庭需要的收入，但也給了他空間和時間來回報社會。凱倫在經濟上非常堅強和果斷，來確保夫妻倆能夠累積資產，還清債務，節約日常開支，現在這種關係對他們來說非常好。

金錢類型一覽

　　以下這張表格是一張備忘單，幫助你了解不同金錢類型之間的區別。我用了混合嚴肅和有趣的方法來解釋不同金錢類型之間的區別，這樣你就可以根據你處理事情的方式來了解不同的特徵和類型。

金錢類型	工作者	創造者	洞察者	關聯者
財務態度	能夠掙到錢，就去做	創造它，並加以體現	勤思善學	積累它，建立它，與人合作

金錢口號	努力工作讓你無往不利。緩慢且穩定地進行能讓你贏得最終的勝利	如果我能夠夢想，我就能做到。我能展現自己的成功	我能想辦法成功；對於一些洞察者來說：教育是成功的關鍵	經由合作獲得成功。照顧你所愛的人
信念體系	我有價值，因為我付出了很多努力	我有能力創造我想要的	我的聰明才智是成功的關鍵	我有價值的原因是我對你的關心
金錢特質	務實	理想主義	理智的	合作
優點	勤奮、一貫，忠誠、以事實為導向、以舒緩的腳步長期深耕、以及遵守規則	思想開放、靈活、適應性強、果斷、樂觀、善於解決問題、敢冒險	視野開闊、有邏輯性、洞察力強、有智慧、有鑑別力、能獲取和運用知識	人際交往能力、與他人有聯繫、也是良好的聯繫者、團隊合作者、開發者、理解、同情心以及足智多謀
缺點	死板、過於謹慎、容易因長時間工作或過度工作而疲憊不堪、可能會為了完成工作而忽略自己的理想	持否認態度、匆忙做出決定、容易受到快速致富計畫的影響、可能不喜歡處理資料、可能純粹基於情緒做出決定	評判性、可能過於依賴過去的結果、傾向於過度思考、可能會因為過於簡單或其他人都在做而放棄一個想法或投資某件事	傾向於把自己放在最後、可能容易受騙、可能成為拯救他們財務損失的角色、可能對投資反應情緒化、自己無法接受他人的幫助
你如何賺錢	個人努力、積蓄、房地產	企業家精神，獨創性、身體力行、夢想出做生意和投資的新方法	思想領導、根據自己欣賞的專家的意見進行投資、在競爭中智勝	透過他們的門路、經驗和關係，建立長期基礎的耐心；藉由穩定和安全的投資

遇到壓力時	可能會因過度分析而力竭癱瘓，不願意放棄坐擁大量現金，可能會一直工作到倒下為止	可能會超支，在沒有資料的情況下迅速做出決定，並陷入既定的思維方式	可能會不一致，因為過度考慮而不必要地拖延和推遲決定	可能會在越來越安全的投資中尋求安全，可能會放棄或逃避所有的財務決策責任
商業實例	福特或南方西南航空	瑪莎拉蒂或蘋果公司	麥肯錫或波士頓諮詢集團	謝謝水（Thankyou Water）或史黛拉‧麥卡尼（Stella McCartney）
元素	地	火	風	水
代表性精神動物	牛：耐力、勤奮、很少害怕艱難困苦	猴子：詭計多端有許多利益的機會主義者，他們經常需要刺激	狐狸：具有創造性、忠誠、敏銳、敏捷	海豚：具有社會性、好玩、尋求和諧、和善、盡最大努力幫助他人實現目標
如果這是一個國家，會是	美國：我們徒手建造起來的	義大利：我們所創造的，而且看起來不錯	英國：我們實施教育，設計，並加以批判	中國：以家庭為核心機構

混合金錢類型：主要和次要類型

希望現在你已經開始意識到人們可以透過不同的方式自然

地與金錢互動和思考金錢。你甚至可以開始在一到兩種不同的金錢類型中看到自己。

理想情況下，你會意識到，這並不像在財務上把人們分成花錢的人和存錢的人那麼簡單，你也會意識到，生活其實更複雜一些。這就引出了混合金錢類型這個議題。

我不太喜歡性格測試的一個原因是，我不認為人類完全符合特定的框框（不管強迫症的我有多麼喜歡這個）。事實是，我們其實複雜得多。這就是為什麼我認為多數人不會只被歸屬於一種金錢類型。相反地，我們是多種金錢類型的組合：通常一種是主導，另一種則是次要，我們在這裡將其稱為主要金錢類型和次要金錢類型。

為了解釋主要和次要類型的概念，讓我們看看克利夫頓（第 8 章提到的速讀研究者）所發展出的「蓋洛普克利夫頓優勢模型」（Gallup Clifton Strengths Model）。當蓋洛普（Gallup）決定你的 34 個優勢組合時，它並沒有指出你有 1 個主導優勢來統馭所有的優勢（對不起，我又忍不住了）。相反地，在他們辨認出的 34 個優勢中，他們只討論了你的前 5 項、你的主要優勢（通常是前 12 個）以及次要優勢（通常是後 12 個）。

在這 34 個優勢中，有 4 個不同的優勢領域：策略思考、關係建立、影響和執行。每個主題都提供了一種方式來描述你最擅長什麼，或者哪些領域你可能需要他人的幫助來完成。

蓋洛普並不是說你的所有優點都能在 1 個主題中找到，也

不是你的 5 個最主要的優勢都能在 1 個主題中找到。只進行策略思考、只建立關係、只影響或只執行都是非常不尋常的。事實上，因為每個主題中只有不到 12 個優勢，所以你的優勢幾乎不可能只包含這 4 個主題中的 1 個。

　　這就是為什麼蓋洛普在研究優勢時發現，幾乎所有人都有主導主題和次要主題。根據蓋洛普調查，我們的主要主題是最有潛力的。這些才能賦予你力量，讓你從人群中脫穎而出。你的主導主題是你最能主導的。無論在什麼情況下，它們都會過濾你的世界，迫使你以某種反覆出現的方式行事。

　　你的金錢類型也是一樣的。你的主導或主要的金錢類型帶有最大的財務潛力，而且能成為你的超大助力。但如果濫用或誤用，它也會阻礙你的效率，甚至變成一個弱點。

　　例如，洞察者理解資訊息的能力可能就是他們的優勢，但如果他們開始過度分析並因此癱瘓，這種長處就成了他們的弱點。了解如何積極利用你的金錢類型優勢是實現你的財務潛力的關鍵。

　　你的次要或第二金錢類型或許可以解釋你在理財行為和想法中偶爾出現的那些優勢或特徵。你可能會把這些天賦用在你主要的金錢類型上，或者它們只會在你遭遇壓力的時候才出現。重要的是要知道你在某種程度上擁有它們，它們不會阻礙你的財務成長。

　　當我完成「蓋洛普優勢」（Gallup CliftonStrengths）評估時，我的優勢或主題是策略性思維。策略性思維可以幫助你吸

收和分析資訊，從而做出更好的決策。根據蓋洛普的說法，這個主題「描述的不僅僅是一項計畫。在這個主題上特別有才華的人經由一系列的偶然事件來思考世界，快速且不斷地思考一天、一件事、一次互動或一生中的『如果』情境。」

　　如果你認為這項策略性思維主題描述，聽起來像是與洞察者金錢類型的優勢清單相符，那你就對了。如果你還記得，在我的金錢類型中，策略性思維的能力是我的財務優勢之一。我的想法是，你應該不會對自己的優勢和弱點感到驚訝，你可能已從其他測試中發現，而這些測試正可用來補充你對自己金錢類型的了解。

　　我的第二種金錢類型是工作者。當我有壓力或感到不安全時，我發現自己會出現工作者傾向，每週 7 天從黃昏工作到黎明。它讓我感覺更好、更安全、能夠掌控一切，就像我完成了一些事情。

　　當我擁有時間和空間時，我最喜歡仰賴我的洞察者金錢類型，也就是能夠思考、運用策略和規畫，但是在遭遇到壓力時，我會發現自己思慮過多，想要創造更多我完全無法執行的細節。這是一種分析癱瘓的情況，所以我只能低下頭，專注於我的工作者類型並投入工作之中。

　　有趣的是，當我在財務方面處於隨心所欲的最佳狀況時，就是當我運用我的策略思考、洞察能力和思考領導優勢（洞察者），以及利用我的能力來建立、努力工作，並從長遠看問題的時候（工作者）。我充分利用了我的主要和次要金錢類型。

如果你能看到自己屬於幾種不同的金錢類型，很可能是因為你也是屬於組合類型的。

當你回答下一章的問題時，請你要先思考並回答你的主要和次要金錢類型。包括這個組合如何對你起作用，以及它如何對你不利。這樣，你可以知道什麼時候你被自己的金錢類型拖進了負面的習慣中，同樣重要的是，你可以積極地利用它們來正面影響你的財務狀況。

你可能會像我一樣，意識到你會在有壓力的時候讓你較弱的金錢類型占據上風，而這種情況並不總是對你有利。或者，你的優勢和劣勢可能會以其他方式表現出來。

如果你無法搞清楚，也許可以問問你的好朋友、伴侶或其他了解你的人。因為，如果你還記得的話，我們並不總是善於識別自己身上的金錢特質（特別是優勢），有時候招募那些熟悉我們的人來幫忙是有幫助的。

我不得不承認，我對漫畫書中的超級英雄電影有點（好吧，不只是有點）上癮。當我和我丈夫認識的時候，我向他解釋說我們是漫威家族的一員，會承擔所有的責任。

在這些電影中，我最喜歡的事情之一不是動作英雄們單打獨鬥的時候，而是他們齊心協力的時候，比如《復仇者聯盟》系列。

如果你認為你的金錢類型混合優勢和劣勢，就像復仇者電影中的角色一樣，你可能會看到你的不同優勢如何團結合作或

相互對抗。你可能會看到它們如何幫助你實現財務目標，或者它們可能在哪些地方與其他金錢類型產生摩擦。

或者，如果我所引用的超級英雄把你搞糊塗了，也許你可以從體育團隊的角度來思考你的金錢類型，在體育團隊中，不同實力的隊員為了贏得比賽這一更大的團隊目標，而相互補其不足。或者你可能會想到企業主是如何聯繫在一起的、公司中的團隊，或任何最適合你的比喻。

當然，當我們思考人際關係時，考量到混合類型也是有幫助的，就像我們在金錢類型導論中所談到的。那是因為我們之中沒有多少人是獨自生活在島上。即使我們不是處於戀愛關係中，我們仍然會在同伴關係中摸索，可能會發現我們在財務方面與他人有關係。或者我們可能處於朋友或家人對我們施加財務影響的情況下。

了解混合類型的優勢可以幫助你理解到優勢之間是如何相互關聯的，當你試圖理解你在生活中如何反應和應對不同的金錢類型時，這將會非常有幫助。

你會記得先前我在每一種金錢類型裡都包含了一個關係的段落。我鼓勵你對此保持好奇心，並與你的伴侶和同輩人談談，了解你們是如何影響彼此的財務環境的。讓他們確定自己的金錢故事和類型，並完成工作回顧表，這將會更加有助益。這可以幫助你們發現相互支持和加強的方法，但同樣重要的是，這將有助於節制你們無意中削弱和破壞彼此的能力。

當然，理解你的內在行為以及塑造你的故事和環境只是我

們在這裡想做的一部分。一旦你完成了下一章的工作回顧表，我們將深入實務面，開始找出適合你的財務習慣。

　　透過建立一套習慣或一套專門量身訂製的財務工具包，你可以永遠拋棄預算。

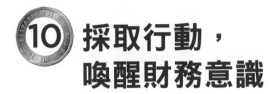

採取行動，
喚醒財務意識

在接下來的幾章中，我們將透過找出對你有用的實用習慣來深入研究金錢的類型。然而，就目前而言，我們有必要暫停一下來探討這些構成我們行為方式不同類型的優點和缺點。

我在前面的章節中已經解釋過，我不希望這本書對你來說只是一本有趣的讀物，但卻無法改變你。相反地，我是想要喚醒你的財務意識，引導你實現財務潛力，這需要你採取行動。

所以，現在拿一張紙寫下以下標題，每個標題間留個空隙（你也可以到 melissabrowne.com.au 上的「Musings」〔沉思〕區塊，點擊「Your Financial Phenotype Resources」〔你的財務表型資源〕下載這張工作表）。

我的主要金錢類型：

我的次要金錢類型（如果適用）：

我的金錢口號：

我的金錢優勢：

我的金錢弱點：

盡可能填滿工作表。記住，你可能會有一種主要的和次要的金錢類型，所以在填寫的過程中，請確認你已經認知到這兩種類型。

完成這張工作表後，請寫下並回答以下問題：

- 我的金錢類型的優點是如何表現出對我有利的行為？
- 我如何才能放大這種行為，從而獲得更多的好處？
- 我的金錢類型的弱點是如何表現出對我有害的行為？
- 如何最小化我在金錢類型中顯示的弱點？

現在，如果你想讓這件工作變得更有趣，成果也更為持久，你可以讓伴侶和朋友閱讀相關的部分，並一起完成工作表。這是因為一旦我們開始了解自己如何運作的，就可以透過一種不會充滿評判和指責的方式在財務上相互聯繫。

相反地，我們可以在尋求理解對方的同時，帶著好奇心和興趣一起處理我們的財務問題。

透過發現和學習彼此金錢類型的優點和缺點，我們可以開始以一種全新的和更深入的方式在財務上支援彼此。

一旦你寫好上述問題的答案，是時候開始深入實行，並找出適合你的財務習慣了。

Part 3

發揮
生財天賦

這是我們的選擇……這顯示了我們真正的自我,遠遠超過了我們的能力。

——J.K. 羅琳(J.K. Rowling),英國作家

⑪ 養成金錢習慣、
打造生財系統

　　到目前為止，我們已經研究了你的金錢故事，它告訴我們你獨特的財務表型中的「教養」因素，以及你的金錢類型，或「天性」因素。希望你透過回答 Part 1 和 Part 2 結尾回顧章節中的問題，已經開始認識到自己的金錢表型。

　　但正如你現在所知道的，我不希望這只是一個好玩的概念或一件有趣的事情。當然，學習新的理論和玩人格測試來了解我們是誰是很有趣的。我們的自我和自我意識都喜歡這麼做。但這對我們日常生活的財務面會有什麼幫助呢？

　　週日晚上通常會發生什麼事？當新的一週壓力正要迎面襲來，你沒有時間準備一週的食物，你只想要放聲尖叫，「他媽的！這週我全部吃外面好了，我還想上網買些漂亮的東西。」

　　當你對工作或生活的幻想破滅，決定買些東西來讓自己感覺好些，所以決定大花特花，甚至超過你所能承受的範圍，結果會發生什麼事呢？

　　當對全球災難的恐懼，政治上正在發生的事件和全球性動盪導致你囤積你所可能擁有的所有資源，同時你因為害怕採取

行動而暫停所有的財務活動，結果又會如何呢？（例如，你可以代入任何你遭受壓力時會產生的消費〔或非消費〕行為。）

那麼了解你的財務表型又會有什麼幫助呢？

在本書中，我們花了這麼多時間來探討構成你財務表型的要素，是因為真正的行為改變始於身分的改變。正如習慣專家詹姆斯‧克利爾（James Clear）在他的《原子習慣》（*Atomic Habits*）一書中所解釋的，「你可能因為某種動機而開始養成一個習慣，但你會堅持一個習慣的唯一原因是，它成為了你身分的一部分。……改善通常只是暫時性的，直到它們成為你自身的一部分，」以及你如何看待自己。

到目前為止，你的目標可能是學習如何把自己的財務管理得更好。如果你改變了你的動機，使之植根於改變你的身分，那麼你的目標就不再是學習財務知識，而是成為一個在經濟上獨立的人；一個可以選擇工作或不工作的人；一個對財務有信心的人（或者不管你的最終目標是什麼）。

換句話說，克利爾表示，建立這個新身分需要新的證據，可以用兩個步驟來獲得：

1. 決定你想成為哪種類型的人
2. 用小小的勝利向自己證明

我們已經為第一步驟做了一些工作，在前面的章節中，當我們發掘你的金錢故事、環境、類型時，你已經問了自己許多

問題，所以我們已經可以確定你獨特的財務表型。

想要在第二部分取得成功 —— 也就是那些小小的勝利 ——
你必須找出你可以採用的良好財務習慣來支持你的財務表型。

這是因為，我個人在財務和商業上的成功，並不是因為我
比任何人都聰慧或精明。絕對不是這樣的。相反地，我花時間
去了解我是誰，為什麼我要這樣做，並且堅持不懈地實施一系
列小而複雜的習慣、行動和策略來支持我的財務表型。這些習
慣讓我能夠發揮自己的長處，並幫助我避免讓自己的弱點對我
的財務產生重大影響。

來吧，我想幫你達成同樣的目標。還記得我們在第 8 章關
於財務激流的討論嗎？這些習慣或行為體系會對你有用（而不
是與你作對），並幫助你取得想要的目標。

下一章將為你的個人金錢類型和故事介紹一些好習慣。但
先從每個人適用的基本財務習慣著手，稱為「財務 101」。即
使我剛剛談到培養你獨特的習慣和系統，不過我們還是將從基
礎開始。

為什麼呢？如果你還記得第 3 章有關基本財務知識的研究
指出，在世界各地，就算是最簡單的金錢概念，我們不是無法
做到，便是陷入了困境。

所以，我不會假定你有足夠的財務知識和習慣可供運用。
相反地，我們將從最簡單的財務習慣開始，這些習慣可以適用
於任何金錢類型或故事，你現在知道我不是在談論預算，而是
在談論目標設定、銀行帳戶和自動化。

　　暢銷書作家、紐約行銷大師賽斯・高汀（Seth Godin）說得好：

　　人們很容易相信，如果讓我們自己來決定，我們都能維持最好的健康狀況，做出明智的投資決定，並在通往幸福的道路上遵循我們的直覺。

　　但事實證明，吸菸會讓人上癮，財務困難會讓人們做出短期的決定，這些決定是有害的，我們甚至很難用 401k 退休福利計畫來做些聰明且簡單的事情。

　　我們從對自我控制的研究中發現，多數人都缺乏阻止自己過度消費的意志力。或者每次薪資增加時，我們都傾向於增加支出好配得上增加的薪資。

　　有些人甚至會把錢存起來，根本不花錢，因為害怕觸碰到存錢罐，這看起來比過度消費要好，但其實也意味著我們無法享受當下的生活，在低利率和薪資低成長的時期，這種做法可能是種財務災難。在這方面，設定目標、銀行帳戶和自動化等基本的財務系統會很有幫助。

　　還記得我在本書開頭描述我對巧克力的衝動嗎？如果你在我面前拿出一塊巧克力，我保證會把它吃掉。如果你拿出兩塊巧克力，並且把其他的藏起來，你知道我還是會把它們吃掉。但至少在這種情況下，我吃掉的「全部」巧克力只有兩小塊，而不是一整片的巧克力。那是因為你給我的分量是有控制的。

我的自制力沒變，但我的環境卻變了，這是由於我養成了一個習慣，能夠大幅度減少我消耗的分量。

建立一個基本的財務系統，是幫助你透過實施財務習慣調節環境來建立自我控制能力的第一步，這包括設立多個銀行帳戶，並自動將款項轉移到不同帳戶中，同時設定規則來運用這些款項進行支付。

這是「眼不見心不煩」的財務版本，意思是在財務方面，你把整塊巧克力藏起來，只給自己兩小塊。此外，它還能讓你享受眼前的一切而不感到內疚，讓你知道自己正透過你所制定的計畫以及你所創造的金融環境有效地實行自制力。

但在我們深入討論之前，需要簡單地討論一下目標。

現在，根據你的金錢類型和故事，你可能會忍不住跳過以下內容。

工作者可能會因為想要開始做某些事情而直接行動起來。而對於擁有金錢故事的人，認為自己不會有多大成就，或者自覺不足，可能會想要跳過這些內容，因為他們不相信自己所設定的任何目標是能夠實現的。對這兩者來說，我尊重你們的想法，但希望你們要積極地拒絕這種想法。

無論你的金錢故事或類型是哪種，以下就是為什麼你不應該跳過設定目標的原因。人們最常問我的問題是：「我應該存多少錢？」一些專家可能會告訴你，你應該要存收入的 20%。為什麼？誰知道。我確信這是基於經濟理論、平均薪資等，但對很多人來說，這是錯誤的。

真正的答案應該是「視情況而定」。這取決於你多大年紀，你存錢的目的是什麼，你是否還住在家裡，你的生活目標是什麼，你什麼時候想要停止工作，你是否有必須撫養的人口等。你的目標可能會像你的財務表型一樣獨一無二，它們也的確應該如此。但是它們不應該是你的父母、同輩人或社會的目標 —— 它們應該是你所獨有的目標。

這就是為什麼至少要完成以下的基本目標和計畫工作是很重要的，這樣你就知道自己的支出和儲蓄是為了什麼（如果你想了解更多資訊，我已經在《去你的財務》一書中詳細介紹了整個過程）。

1. 確定目標

第一步是確定你的目標。想想你未來 3 ～ 5 年的生活。如果你能召喚未來的自己，問問他們你的生活是怎樣的，他們會告訴你什麼？

或者更確切地說，你希望他們告訴你什麼？記住，我們需要生活在現實世界中（不要夢想中彩券！），但要想想你真正希望自己的生活是什麼樣子。

盡可能想得具體一些。寫下你會對自己說些什麼，如果你不是一名作家，那就把目標畫出來，畫出思維導圖，或是拍攝下來。你可以使用任何適合自己的媒介。

如果你內心的批判者告訴你這是不實際的，告訴他們閉嘴！如果你擔心自己的夢想不一定會被你的同儕或朋友所接受，誰在乎呢！這不關他們的事，這是你的事。

你所設計的生活例子可能包括旅遊、商業、事業成功、家庭美滿、讓你的孩子擁有你所有的（或沒有的）教育機會、每年有 7.5 萬美元的稅後收入、買一套房子、擁有大量的投資性房地產、不生小孩、成為家中第一個完成學位的人、每年獲得 2.5 萬美元的被動收入、55 歲退休且年收入 5 萬美元、領養小孩、撫養孩子。

可能是沒有債務，做出大幅度的改變或只是小規模的變化，以一種可以在世界各地生活的方式賺取收入，建立足夠的資產，在 10 年時間內就可以只做兼職工作，你想幹多久就幹多久，為期 3 個月的休假、每年 1 次參加退休後的遊輪旅行、重新開始一段破裂的關係，或者創立一個非營利組織、擁有價值 100 萬美元的投資。

重要的是，你的目標必須是很切實的，並且能讓你感到興奮。如果不是，就把它們扔了，再重新開始計畫。

2. 做 12 個月的計畫

一旦你知道了未來 3 ～ 5 年你的生活會是什麼樣子，那麼是時候進行第二步驟了：你可以為未來 12 個月做計畫。看看

你正在走的路，然後想想它是否適合你，夢想一條新道路可能會很有趣，甚至令人興奮。

接下來是很重要的階段，包括找出在接下來的 12 個月裡你需要採取的步驟，以便開始建立你想走的路，或者開始接近你想設計的生活。這是因為，如果你深陷信用卡債務，而你想設計的生活涉及到買房子，你就需要著手處理你的債務。而且馬上就得處理。

如果你每年賺 5 萬美元，你還未擁有資產，或你想在 10 年內退休，那麼你需要採取行動，開始思考把收入的一大部分存下來，或者增加另一項收入來源，或設法提高你的退休金，取決於你的年齡，好讓你更快達到目標。

制定計畫完全取決於接下來的 12 個月。從第一步審視你的目標，寫下你需要為自己設定的財務挑戰，並在接下來的 12 個月裡完成，你才能在實現這些目標的道路上繼續前行。

例如，如果你的目標指出你需要在 12 個月內擁有 1 萬美元，那麼你每週就需要存下 200 美元。如果你的目標是擺脫信用卡債務，你現在的債務是 5,000 美元，那麼你每週就至少需要償還 115 美元（這還包括利息）。

如果你的目標是在接下來的 12 個月內把 60% 的收入存起來，因為你想加速實現在自己選擇的地方自由工作的目標，那麼你可能需要搬進和朋友合住的房子、搬到更便宜的郊區，或者，如果有合適的條件，搬回家和父母一起住，並且依自己的選擇決定如何消費。

3. 規畫銀行帳戶

一旦你確定了目標，並制定了一些計畫，在接下來的 12 個月裡你必須規畫自己想把錢花在什麼地方，為什麼要存錢，同時，是時候思考一下該建立什麼樣的銀行帳戶了。

我認為你應該考慮的銀行帳戶至少要包括 1 個支付帳單的帳戶、1 個儲蓄帳戶和 1 個日常帳戶（我把這些帳戶稱為基礎帳戶）。

如果你有貸款，你的儲蓄帳戶就應該要附帶在貸款的還款帳戶中，或者你就得直接把儲蓄支付到貸款上。至於其他的部分，你會希望你的銀行帳戶只收取低費用，但付給你高利息，比如網路上的高利儲蓄帳戶。記住，在低利率時期，「高」利率可能低於 2%。

其他你可能需要考慮的帳戶有：1 個專供揮霍／度假／娛樂的帳戶、1 個用於備援（或是急難）的帳戶和 1 個共同帳戶。銀行帳戶的數量，甚至類型，往往取決於你的金錢類型和故事。我已經給出了銀行帳戶的例子，每種金錢類型可能得思考一下自己的習慣，我會依不同種類說明這些習慣。

一旦你知道自己需要設置哪些銀行帳戶，下一步就需要計算出你得把多少錢轉進每個帳戶。數額取決於你第一步驟所設定的長期目標和第二步驟所設定的 12 個月計畫。讓我們來仔細看看這些帳戶，包括如何確定每個帳戶的用途。

帳單帳戶

你定期轉到帳單帳戶的金額應該相當容易計算。這些包括你的貸款、租金、電費、瓦斯費、電話費、網路費、學費、汽車登記費和保險費。把你會從這個帳戶支付的不同帳單種類列出來是個很好的做法，這樣就能清楚地記在腦子裡，確保自己不會遺漏任何帳單。

一旦你搞清楚帳單帳戶中應該包括哪些帳單，你就需要計算出每個支付週期要轉多少錢到這個帳戶來支付這些帳單。例如，如果你的薪資是每 2 週付 1 次，你可以計算出每筆帳單每年的金額，然後將這個每年的金額除以 26 得到每 2 週的金額。

例如，如果你每月繳交電費，平均帳單是 600 美元，要計算出每 2 週的金額，首先要算出每年的金額：600 美元 x 12 = 7,200 美元。然後算出每 2 週的金額：7,200 美元 / 26 = 276.93 美元。繼續對每個帳單這樣計算，直到你算出每張帳單每 2 週需要繳交的金額，然後把它們加總起來，計算出你在每個支付週期需要轉入的總金額。

你注意到我沒把健身費和串流媒體服務包括進去了嗎？這是因為這些是可自由支配的支出，歸屬於你的日常帳戶。

儲蓄帳戶

接下來讓我們計算出你需要定期轉到儲蓄帳戶的金額。這是你在 12 個月計畫中計算出來的金額。

對某些人來說，12 個月計畫可能不是儲蓄，而是償還信用卡債務，或者在償還債務和建立一個備援帳戶之間進行分割。這也是可以的。你注意到我們又在計畫儲蓄了嗎？如果你對自己正在設計的生活是認真的，你需要優先考慮這部分的金額，而不是在分配完所有其他支出之後才把剩下的存起來。

日常帳戶

在理想情況下，你的薪資可以由雇主直接分撥到你的帳單、儲蓄和日常銀行帳戶裡。然而，如果你的雇主不分別撥付這些款項，你的全部薪資就會被撥進這個日常帳戶中，並在同一天進行自動扣款支付帳單。

這些自動支付後留下的餘款（如果你的雇主會幫你把薪水分開來，也可以把錢直接轉到這個帳戶來）就是你用來支付其他所有支出的錢，這包括：食品雜貨、娛樂、外出用餐、咖啡、健身會員卡、衣服、理髮、旅行等。

如果在下個發薪日前，這個帳戶剩下的錢不夠了，那麼你可以看看你分配給其他帳戶的錢，重新考慮你的支出，或者想辦法增加更多的收入，甚至進一步分配你的帳戶。

訣竅是不要使用信用卡或搶劫其他銀行帳戶。相反地，當日常帳戶空了，那就讓它空吧！在你的下個發薪日到來前的日子，是時候回到像大學生一樣的生活了（或者也許像你剛搬出爸媽家時的生活方式）。

還記得你曾經有一回不得不吃好幾天米飯和豆子，因為那是你唯一負擔得起的東西嗎？不知從什麼時候開始，你就不再這麼做了，而是開始使用塑膠貨幣，用賒帳來滿足我們的「需求」。是時候改掉這個習慣了。這種方法只有在你把可自由支配的支出限制在日常帳戶內，而把其他帳戶留給它們本來的用途時才有效。

好消息是，日常帳戶裡的資金可以讓你隨心所欲地消費，而不必有罪惡感，因為你知道有選擇的餘地。請記住，並不因為你有選擇的餘地就代表你可以選擇做任何事。例如，如果你必須乘坐優步（Uber）而非公共交通工具出行，而這意味著你會沒錢和朋友一起吃飯，那麼你的選擇是說服他們在家裡吃飯，或者重新考慮你的出行方式。

如果你給孩子報名了 5 個課後活動，而你想吃有機食品，你可能得把課後活動減少到 3 個，或重選想吃的食物。或者，如果你每年都想出國旅遊，但又想在未來 2 年買套公寓，你可能得重新規畫為每 4 年出國一次。

這都是關於選擇的問題。

這三個銀行帳戶代表了你應該持有的基本帳戶和最低帳戶數。然而，正如你在第 12 章中所發現的，不同的金錢類型在擁有較多銀行帳戶的情況下表現最好，這可能包括我以下列出的一些帳戶。

揮霍／度假／娛樂帳戶

你也可以從你的 12 個月計畫中，計算出定期轉移到你的揮霍／度假／娛樂帳戶的金額。另一種方法是決定你希望每年支出的數額，並計算出每個支付週期需要移轉的金額。

備援（或急難）帳戶

COVID-19 疫情凸顯了為什麼每個人都應該把相當於 3 ～ 6 個月固定支出的現金存進備援帳戶中。這樣一來，你不需要使用信用卡，也不需要為緊急情況動用到存款。

如果你已把這個備援金額結合在你的貸款還款帳戶中，就不需要再另外設立一個單獨的帳戶，但在你的腦海中要將這筆金額劃分出來，作為不可動支的部分。

如果你已經有儲蓄存款，可能需要將這筆備援資金區隔到一個單獨的帳戶中。

如果你沒有備援資金，那麼就得計算出 3 個月必須支付的帳單金額會是多少（因為你剛剛已經做了上面的練習，這應該很容易做到）。你的計畫是確保 12 個月後，這個帳戶裡會有這筆錢。

要計算出每 2 週需要轉帳支付的金額，你可以先算出 3 個月須付的帳單，再除以 26。一旦你準備好正確的備援金額，除非你需要動用，否則就沒必要再轉帳進這個帳戶。

銀行帳戶和伴侶關係

另一個你可能會考慮和伴侶開立的銀行帳戶，會是共同帳戶，尤其是當你們同居時。為了保護你們兩人，尤其是在一段關係的早期，你們可能會就應該移轉多少錢，以及花在什麼地方達成一致的協議，甚至你們雙方都必須授權付款，我也總是建議你們各自擁有自己的個人銀行帳戶。

你會想要保持一定的財務獨立性，這樣的話，你倆都不需要解釋自己花的每一塊錢以及為什麼要花它。你也要注意使用共同信用卡。這是因為，如果你是主要持卡人，最終將是為債務負責的人。如果你們在一起，而你的伴侶堅持要有一個共同帳戶，不「允許」你擁有自己的個人銀行帳戶，這對我來說會是一個「巨大」的危險信號，因為它可能是濫用財務的證據。

現在你已經用你的 12 個月目標找出需要何種銀行帳戶，以及每個帳戶裡要放多少錢，現在是時候來設定自動定期轉帳，如此一來，在每個支付週期，金額就會自動從你的日常帳戶發送到你的帳單、儲蓄、揮霍和其他你想得到的帳戶中。

自動化之所以重要，是因為我們不希望這個系統依賴於你的自制力。想想另外兩種可能採用自動化支付的付款方式，那就是：還貸款和退休金。貸款和退休金之所以如此有效率是有原因的 —— 因為它們是自動產生的，不需要我們付出任何努力。銀行不會讓我們自己決定何時還清貸款，該還多少錢 ——

相反地，銀行會自動從我們的帳戶中扣除還款。

在澳洲，我們的退休金是由雇主直接支付給我們的超級基金。因為它是自動發生的，我們只能接受它。太多的企業主不會定期為自己繳納退休金，因為根據他們的結構，他們並不具強制性，也不會自動發生。

我們需要為我們的財務建立同樣的自動化系統。這就是為什麼我這麼希望你的薪資存入你其他銀行帳戶當天，日常銀行帳戶已設置好直接把你分配好的金額用於轉帳扣款。

當然，在完成這些之後，重要的是要記住你的金錢類型，並且採用最適合自己的銀行帳戶數目和類型。例如，如果你很難為自己花錢（你可能是工作者和關聯者金錢類型），你可以建立一個「娛樂帳戶」，並且給自己一個挑戰，每個月都把帳戶裡的錢花掉。

如果你很難儲蓄（你可能是創造者和洞察者金錢類型），你得設法把儲蓄帳戶和你每天要用的錢分開（最好不要以現金形式持有），這樣你就看不到餘額，就不會想花錢了。如果你很難記住要支付的帳單（例如工作者和創造者的金錢類型），你可能不只得設定自動轉帳到帳單帳戶，你還得把你所有的帳單都設定成自動支付，這樣在帳單到期時即可直接扣款 ── 即使這意味著你要定期預付一些無法自動付款的帳單。

透過制定你的目標並將其應用到銀行帳戶上，你已經建立了一個簡單的財務基礎。這些習慣會成為你穿上衣服之前的貼身衣物，或者在你蓋房子之前打下良好的基礎。它們不一定非

得如此，也很少是一體適用的，但它們確實需要存在，而且必須適合你。

在下一章中，我將討論適用於每種金錢類型的基礎知識，但請注意：每種金錢類型都需要建立正確的基礎，其中包括某種類型的目標設定和基本的銀行帳戶。

當然，一旦你完成了這項基礎性工作，你就可以在開始建立自己的金錢習慣配套時，添加適合你金錢故事和類型的其他系統和習慣。

⑫ 各種金錢類型的
財務好習慣

在我們開始按金錢類型剖析好習慣之前,讓我們先想想一些與財務無關的習慣,特別是運動。

我不知道你怎麼想,但我一直很不喜歡運動。理智上,我知道運動對我有好處,但我唯一真正喜歡的運動是團體運動。這原本不是什麼大問題,但是我在二十多歲打網球時扭斷了腳踝的肌腱,再加上很喜歡穿高跟鞋,這讓我不想再參加任何的團體運動,因為可能會被別人的腳絆倒,然後再次扭斷肌腱。

我嘗試過中程和長程跑步,我真的很想享受跑步,因為這種運動不花任何錢,而且也跟我想要培養的日常節約習慣很相襯,但我真的討厭跑步。所以我每週在一家健身房運動幾次,每週上兩次巴雷(Barre)課程。我使用應用程式自動預訂巴雷課程,並讓我的行事曆來提醒我這些預約課程。我還用黑氏巧克力(Haigh's Chocolate,這家店就設在教室樓下)來獎勵自己,好鼓勵自己去上課。

我在巴雷方面沒什麼天分(事實上,我承認自己在這方面很糟糕),這使我愛好競爭的天性大為收斂,因為知道自己無

法和班上其他學員相提並論，但我仍然可以獲得很好的運動效果。在家裡，我強迫丈夫每週和我一起去健身房運動一天，這樣我就不會覺得無聊。

我所做的是策劃了一系列可能不會給我帶來快樂的運動習慣，但卻頗適合我的生活經歷、財務狀況、環境和個性。

我希望你在財務上也採用類似的方法。當然，就像我的運動方式一樣，管理你的財務可能永遠也不會給你帶來快樂。但當你為自己的財務表型選擇了正確的習慣時，最終你在處理金錢時就會變得更容易。

但是請注意，這種情況不會一下子就發生。即使是最天生的跑者在開始馬拉松訓練時也會感到痛苦和困難。天生的馬拉松運動員和像我這樣的人的不同之處在於，就我個人而言，長跑的感覺永遠痛苦無比，而且備感艱辛。

這與我年輕時打網球形成了鮮明的對比，那是利用我天生的衝刺能力。由於我很擅長打網球，因此就更喜歡這項運動。儘管要練出我的網球技能是非常大的挑戰，我卻很高興花時間練習，所以這項運動對我來說就變得很容易，而且愉快無比。

與我成年後的運動習慣相比，你就會明白，有時候你可能不總是能做那些帶給你快樂的事情，但你仍然可以找到一套適合自己的系統。換句話說，我已經學會了自我控制，所以我能夠找到一套適合我的運動習慣來定期運動。

無論你的金錢類型是哪一種，我們想做的是培養一系列的習慣，這些習慣將為你建立起至關重要的首要習慣：財務自制

力或意志力。這些習慣能讓你享受當下，並關照到未來的自己。

強化意志力和提高自制力的最好方法就是把它變成一種習慣。如果你還記得第 2 章關於自我控制的棉花糖實驗，幾年後，研究人員找到了當年參與這項研究的孩子們。

他們發現，在想要滿足口腹之欲的 4 歲孩子中，能夠把滿足自己渴望的時間拖得最久的，最終獲得了最好的成績，SAT 的平均得分比其他人高出了 210 分。這些孩子並不是最聰明的 —— 他們只是能運用一些技巧來加強自己的自制力。

在這裡，我們要建立適合你財務習慣的技巧和系統，這些將幫助你鍛鍊自制力、推遲你想要滿足自己的渴望，並使你更接近你想要過的生活。

如果你嘗試了一種財務習慣，但感覺不對或不舒服，就像一件讓你發癢的夾克，而且你已經堅持了一段時間，此時不要完全放棄。

相反地，你應該透過嘗試另一種習慣來建立自己獨特的一套習慣。繼續嘗試和培養，直到你找到適合自己的習慣。

當你發現一個習慣（在你堅持下來之後），你感覺很自然、正常且可行時，不要就此止步。此時，你應該不斷養成一個又一個的習慣，直到形成了一套為自己量身訂做的習慣。

說得更明確點，了解我們的財務表型並不意味著我們就不需要付出努力。同時這也不表示，我們不需要在財務上做些功課。但它確實能幫助我們理解自己應該努力做什麼，以及應該把時間和精力花在哪裡。根據我們獨特的金錢構成優勢和劣

勢，我們可以知道應該尋找什麼樣的機會，避免遭遇什麼樣的挑戰。

我們對自己的財務表型理解得越多，我們的習慣、系統策略就會越好，最終投資機會也會越好，我們整個財務狀況就會好轉。

在這一章中，我將要按照金錢類型來劃分習慣。但我想強調的是，我所整理和闡述的習慣並不是一種專斷的、一體適用的方法，並非每種金錢類型的每個習慣都保證能夠完美地發揮作用。

這並不是說倘若你是一名創造者，那麼一名關聯者的習慣就不會對你起作用，或是說一名工作者的習慣不會對一名洞察者起作用。同時，這也不是一張完整的列表。同樣重要的是請你記得，雖然這些習慣與你的金錢類型有關，但它們也會與你的金錢故事相互影響。

在以下每一種金錢類型的開頭，我列舉了各種金錢類型如何將上一章關於銀行帳戶和自動化的基礎知識運用到極致的例子。每種金錢類型都應該運用這些基礎知識，但其中又有細微差異。

根據以下每種金錢類型的習慣理論，我提供了一些曾經合作過的客戶（名字做了修改，以保護他們的隱私）、幫忙過的朋友或我自己的真實例子，因為我想讓你明白，這些不是簡單的抽象概念。這些習慣對於現實生活中的人們都是有效的。

工作者的財務習慣

基本的習慣

對於工作者來說，問題是他們可能不知道什麼樣的銀行帳戶最適合自己，所以我至少會建議一個既定的步驟，我稱為「基本帳戶」，這包括：1 個帳單帳戶、1 個儲蓄帳戶和 1 個日常帳戶，在這些帳戶之間採用自動轉帳支付。

不過我認為很重要的是，一些工作者還使用了「娛樂帳戶」，以確保每個月或每季度自己都花掉了「娛樂帳戶」裡的錢，這樣他們就能享受辛勤工作的成果。這也有助於抑制工作者無意識消費的弱點，這是由於他們通常都不設清單或沒有時間。透過開立一個「娛樂帳戶」，人們可以在允許的範圍內無罪惡感地「超支消費」。

對於工作者來說，擁有一個系統可以將他們的儲蓄用於投資，而不是簡單地把現金存入銀行，這也是非常重要的。一個相當具有助益的方法，就是為此建立規則，因為工作者通常喜歡有順序的思考，並且擅長遵守規則，而不論這些規則是他們自己還是別人設定的。一旦他們接受了這些規則，就會有紀律和毅力堅持到底。

例如，你可能擁有一個儲蓄帳戶，同時建立起一個規則，一旦餘額超過 5,000 美元，那麼 4,000 美元就必須轉移到另一個預訂的投資項目。或者你可以選擇一種投資（例如，指數股

票型基金〔Exchange Traded Fund, ETF〕或指數基金），並且
每個月自動將資金定期轉移到這項投資標的上。

進階的習慣

工作者面臨的問題是，由於過度強調賺錢，他們往往會忽
視儲蓄、投資和聰明的財務基礎，例如查看利率、提交納稅申
報表等。這可能會讓工作者覺得自己被騙了或者感到羞愧——
他們認為這是「懶散的行為」，而且是「不好的」，因而不會
尋求協助。

對於工作者金錢類型而言，很重要的是，你要理解這是你
們常見的財務行為，不要過於苛刻地評判自己而不尋求幫助，
或者放棄養成好習慣。

對於工作者來說，他們必須養成一套習慣，使自己從單
純只是工作，進化到能夠優先考慮財務健康和財務目標。第一
個對工作者很好的習慣，是不僅要在銀行帳戶間設定好自動轉
帳，還要做到我所說的「極端自動化」。

極端自動化的意思是，即使沒有財務上的利益，你也要盡
可能地將所有帳務自動化，讓所有動作自動完成，不需要你插
手做任何事。這包括自動化儲蓄、投資、納稅、支付帳單——
所有可以自動化的事情都應該以自動化的方式來完成。

雖然自動化是所有金錢類型的一個良好的基本習慣，但我
稱之為自動化的「極端」版本，原因是即使沒有財務收益，工

作者也應該這樣做。

例如，每月對公用事業、稅賦、儲蓄進行直接扣款支付 —— 這樣做不會帶給你任何財務收益，甚至可能面臨財務上的劣勢。你的公用事業公司不會支付利息給你，如果你每月投資一些股票基金或購買少量份額的股票，你可能要支付更高的手續費。然而，對於工作者來說，確保這些事情都能夠處理得宜才是最重要的。

當然，你可能會爭辯說，如果帳單也採用直接扣款給付，不是更方便嗎？我擔心的是，如果你的信用卡過期或被盜，而你沒有通知發卡機構，結果是你的整個系統將會因此崩潰（如果你是一個因為幫助別人而經常處於無法支付自己帳單危險中的關聯者，這對你來說會是一個很好的系統）。

下一個適合工作者的習慣（儘管他們不喜歡這個習慣）是外包給其他人或一個系統。許多工作者討厭委託或外包給他人，因為不想把自己辛苦賺來的錢花在認為自己可以做的事情上。問題往往是，由於他們沒有親自去做，可能會因為這種不作為而必須支付罰款並接受懲罰，或是錯過財務投資機會。

如果你有自己的事業，你可能要把記帳的工作外包出去，你還可以外包財務諮詢和會計作業，這樣你可以做到定期儲蓄、納稅和投資，同時可以擁有一個檢查系統，為你和你外包的人建立起問責制度。如果你有助理，可以讓他們為你預約好每日行事曆，例如檢查你的貸款利率，如果可以的話，讓他們為你經手做這些事。

　　工作者可以透過虛擬助理、值得信賴的顧問、親密伴侶，或超級有組織能力的家庭成員來建立問責制或外包的方式。一旦工作者明白了尋求（或付錢取得）幫助的好處，就很容易採取下一步驟來獲取協助。

　　如果一名工作者沒有資金來外包工作，可以使用自己的行事曆或日記來預約每月的財務事項，這樣可以保證他們不只是把時間花在工作上，而且也能夠達到聰明理財的目標。工作者不一定喜歡目標，但如果一旦建立起一個系統，他們就會嚴格遵守規則。

　　如果你採用這個系統，我建議你為這些每個月的財務事項列出一張確認表，上面有日程表和項目清單，上面可以不斷添加項目，這樣你就知道自己已經採取了行動。

　　你可以制定一個每月計畫。例如，1 月可以在諸如 Finder. com 或「比較市場」（Compare the Market）這類提供比較的網站上查看你的貸款利率，如果利率太高，就聯繫你的銀行或經紀人來進行調整；2 月是比較保險費的時候，你得確保你的保險費不會太高，而且你的保險範圍也適當；3 月是取消你不再經常使用的訂閱；4 月要建立或追蹤你的股票投資等。

　　或者你可能有一張項目清單，上面羅列著你每個月都會查看的事項，例如你會透過銀行帳戶或追蹤用的應用程式，像是 Pocketbook，來回顧上個月的開支、追蹤你的每月儲蓄進度，然後到比較網站上去比較大宗支出項目，例如利率、保險、醫療保險費、退休金等。

預約財務事項也可能是你與財務顧問進行討論、整理遺囑、追蹤儲蓄進度、查看財產,並建立一種行為模式,在這種模式下,你會優先考慮自己的財務健康狀況。但是這些都需要事前安排、記錄和保存下來。

工作者可以採用的一種簡單理財習慣是制定規則或系統化其行為。我們先前已經在基礎知識的部分討論了省錢的規則,但將其系統化至日常財務生活中也有所幫助。

例如,有一個可以抑制你無意識的日常超支的系統或規則是每週只能在雜貨店購物一次,而且每週必須要花時間自己烹調和準備餐點一次。這代表你得要在出門購物前想好要準備什麼餐點,這樣就不用花錢買午餐或晚餐,而且會限制自己去雜貨店購物的頻率。這也代表就算你無意識中於購買雜貨上超支,也只會每週而非每天發生一次。

工作者通常不喜歡負債 —— 他們都喜歡讓自己感到安全和自在的投資,通常也都有動機快速還清債務。正是這種對於償還債務的態度,使得工作者在投資時也能夠派上用場。例如,他們可能舉債購買投資性房地產或其他能增值的資產,如此一來,工作者就不只是把現金存入銀行帳戶,賺取很少的利息。

相反地,他們會想要迅速償還為投資而借的債務。如果這是可抵扣稅款的債務,這麼做並不總是合理的,但這確實讓工作者的淨資產比單純把錢存在銀行增長得更快。當你想要養成良好的財務習慣時,有時利用金錢類型不喜歡的緊張感,觸發他們想要快速消除這種緊張感的動機,是你可以採行的步驟。

有些工作者可以透過遵循生活中的計畫,例如 FIRE(財務獨立並提早退休)鼓勵的系統,來駕馭他們在工作、遵守規則、順序和僵化行為中的極端行為。在這種情況下,工作者的弱點,例如極端的職業道德和僵化行為,可以轉化為一種優勢。

FIRE 規則是一個簡單的公式,包括高儲蓄率(高達年收入的 50% ～ 70%)、非常節儉的生活(極簡主義)和低成本的指數基金投資,以便在大約 10 年內實現財務獨立。雖然當工作者有能力停止工作時,他們可能不會立刻停止工作,但對他們來說,如果能夠擁有一個可以迅速積累資產(而不是簡單地把現金存入銀行)的既定規則和嚴格的系統可能非常有用。

但這樣做的危險在於,在 10 年過後的很長一段時間裡,他們還會遵循這種行為。許多工作者可能會推遲 FIRE 中的「提前退休」計畫,並且繼續工作,結果損害到自己的利益,並且可能耗盡精力,所以要確定有停止的時限(創造者可能也會被 FIRE 的即時收益回報吸引和激勵,而試試看)。

最後,工作者最重要的資產往往是自己和健康,但他們的工作模式卻常常忽略。安排時間、列入日程並保證規律運動和良好飲食是確保工作者未來可以繼續工作的重要關鍵。

現實生活中的例子

托尼

你可能還記得我的丈夫托尼,他屬於工作者金錢類型,因

為我很了解他，所以我在這裡要再次以他為例。托尼的自在程度取決於他在銀行裡擁有多少現金。如果低於一定數額，他就會過度工作，直到備援現金恢復到一定水位，所以他現在會習慣性地經常關注現金水位。

在我們相遇之前，托尼沒有設定自動支付帳單或其他日常開支。如同典型的工作者，他全神貫注地工作著。我做的第一件事就是讓他知道自己最新的稅賦狀況，並為他的季度商業活動報表安排好每月定期向澳洲稅務局（Australian Tax Office, ATO）繳納稅款。當然，他不會從這些提前付款中獲得任何利息，但這種設置讓他不必支付任何滯納金，或因為忘記付款而產生的利息。

他和許多工作者一樣，不願意花錢請人幫忙，所以我們為他所有的帳單都安排了直接扣款，我也讓我的助理幫忙去繳交我碰巧發現他遺漏未付的帳單。

因為托尼很忙，也不喜歡計畫，他很容易無意識地每天亂花錢。在購物時，他會漫無目的地拿東西，所以我們有時會買到4瓶橄欖油、8桶優酪乳，或者一大堆酪梨、辣椒或紙巾。現在為了避免這種情況發生，他會在週六花時間計畫下週的食譜，找出家裡有些什麼，列出一張清單，然後才去購物。

雖然托尼通常不喜歡計畫，但他發現這種事前安排、組織活動和烹飪整週食物的過程能讓他放鬆，也能讓他那類工作者金錢類型感到愉快，因為他總是忙著在處理手邊的一些事情。

托尼像許多工作者一樣，重視穩定，他努力工作的成果

看得見也摸得著。我們剛認識的時候，就制定了一個計畫，要買下自己的房子，並盡快還清貸款，這對他來說非常重要。其中包括我計算出如何在 5 年內還清貸款，以及我們兩個人每週都自動拿出一部分錢來償還貸款。這意味著托尼儲蓄的不是現金，而他對於能償還貸款感到異常的平靜、自信和積極。

托尼表達了對股票市場的興趣，但缺乏投資的信心，也沒有學習的欲望。他了解房地產並覺得房地產很安全，所以他自然被房地產投資所吸引，他個人也不想花時間在關注股票投資上，因為他的退休金都投資在股票上了。與許多企業主不同的是，托尼支付的退休金超過了最低數額，但這筆錢是採用每個月（而非每季）自動轉帳，所以他不需要費心去考慮。

羅謝爾

另一種我們可以借鑒其習慣的工作者金錢類型，是我的客戶羅謝爾。她和托尼一樣，工作非常努力。她花很多時間在工作上，掙了一份很不錯的薪水，是敬業和勤奮的工作者。羅謝爾和托尼的不同之處在於羅謝爾喜歡旅行。

過去，只要存款餘額超過一定額度，羅謝爾就會預訂海外旅遊的行程。羅謝爾的理由是她工作努力，並沒有每天花很多錢，因此，她值得享受一趟旅行。旅行並不一定要很豪華，當她回到家時，她的儲蓄餘額仍然沒有問題，因為這些度假並不昂貴，但她會回到日常生活上繼續前行。工作、現金儲蓄、假日、工作、現金儲蓄、假日，不斷循環下去。

羅謝爾的房子是租來的，她的金錢故事是，如果你想成為「一名成人」，就應該買房子，但她不想「安定下來」。羅謝爾希望有隨時隨地追蹤賺錢機會的能力，因此，雖然她想投資房地產，但因為她不知道自己最終會在哪裡，所以沒有花心思買下任何東西。但羅謝爾開始對自己感到惱火，因為除了銀行裡的現金之外，她所有的辛勤工作都沒能展現出來，而她知道銀行裡的現金不會像房地產市場那樣快速增值。

羅謝爾最終決定購買房地產，因為她對投資房地產有信心，特別是在一個租金有保障，同時也有資本增長潛力的地區。那不一定是她想住的地方，但她對於擁有一處資產而又不會覺得在地理上或情感上被其束縛感到興奮。

一旦羅謝爾發現她不需要買一個屬於她的「家」的房地產（她對這項解決方案感到自在和自信），她運用她工作者金錢類型的紀律接下額外的工作（在她的主要工作上加班，並在下班後再打另外一份工），同時儘量把現金都存進一個線上儲蓄帳戶。她還利用自己的刻板作風推遲假期和幾乎所有非必要的支出，包括社交活動，這對她很容易，因為她在工作時間外已經沒有太多閒暇可以做這些。

結果，她在 12 個月內就攢夠了足夠的錢存了一筆存款，而她也因此辭去了第二份工作。

羅謝爾還把她的帳單自動化，現在也設立了一個定期儲蓄金額來償付她的貸款。她計畫，一旦她的還款帳戶裡有 6 個月的還款金額，就會開始考慮另一項投資。

羅謝爾身邊並沒有強大的財務榜樣，雖然她能集中精力來償還她的投資性房地產，但她希望在 40 歲後能夠選擇不工作。當被追問時，她承認她不能停止工作 —— 她只是想要更多財務上的選擇性。正因為如此，儘管羅謝爾不願支付「找人幫忙」的費用，但她每月都要支付財務顧問一小筆費用，來確認自己正在努力存錢和投資，這樣如果她想要的話，就能在自己的目標年齡退休。

羅謝爾不想在財務上依賴於某一天找到另一半的可能性，所以她鼓勵自己養成習慣，建立一個可以自力更生的財務未來。羅謝爾正在考慮重新多找一份工作，這樣她就可以更快實現自己的財務目標，但她也意識到，這對她的健康來說可能不是一個良好的長期解決方案。她說，如果她真的找了第二份工作，她會把一半的收入存入度假帳戶。很明顯，這個為自己提供財務獨立的新金錢故事對羅謝爾來說極具激勵作用，她很有信心要參與其中。

創造者的財務習慣

基本的習慣

自動化對所有金錢類型都重要，但就像工作者一樣，對於創造者來說，確保最基本的工作都已完成尤其特別重要。這是因為創造者的眼光宏大，他們是理想主義的夢想家，往往更關

心今天,而非關注未來的自己。

創造者應該擁有 3 個基本的銀行帳戶(帳單、儲蓄和日常生活),並在這些帳戶之間設定自動支付功能,但對於創造者來說,擁有一個至少相當於 3 個月開支的備援(或緊急)帳戶也很重要。這種現金備援對於創造者來說至關重要,他們往往是最不穩定的金錢類型,經常換工作,或者追逐創意和機會。擁有 3 個月的現金作為備援的習慣,能確保你在需要時擁有一張安全網。

這個帳戶應該和你的儲蓄分開,放在一個你不容易動用的帳戶裡。我遇到過一些創造者,他們在由父母或信任的顧問控制的銀行帳戶中存入這筆錢,因為他們知道如果由自己持有這麼多現金,這就像請狐狸看守雞舍一般。

同樣地,與工作者金錢類型一樣,一般的財務習慣是將所有帳單設定為直接扣款和外包,這對創造者來說會是很好的金錢習慣,可以確保他們的財務基礎。

進階的習慣

創造者通常給人的印象是自信或自我保證,這就是為什麼他們很難承認自己在財務上有困難。是的,他們經常很願意承認自己不擅長數字,但可能不那麼樂意承認自己對自身的財務狀況沒有把握。雖然工作者會因為很忙而避免處理自身的財務問題(他們認為自己的職業道德讓他們在財務上不會有問

題），不過創造者最有可能運用一廂情願的想法，把頭埋在沙子裡，希望一切都會自行解決。

對於一個創造者來說，問題是，他們不像工作者，可能沒有收入來解決問題。這就是為什麼建立良好的財務基礎知識（例如備援帳戶、自動化和基本銀行帳戶），而不只是交叉手指祈求一切順利，以及一套可以激勵他們產生收入，並保護他們儲蓄的習慣是非常重要的。最好的習慣是能夠利用他們天生的創造力來實現他們的財務潛力。

「創造者」和「關聯者」是兩種最有可能洗劫他們儲蓄帳戶的金錢類型。關聯者這樣做是為了幫助他人，而創造者這樣做是為了享受當下，追求「確定的事情」或另一個商業想法。有個很好的習慣是，你得確保自己的儲蓄與你可能認為無聊或太安全但很難放鬆的投資相互掛鉤，這樣可以讓你不會被自己所害。這可能包括投資房地產或一種你不太可能或不能夠快速輕易出售的資產類型。至少，你的存款應該存放在一個不同於你日常帳戶的銀行，而且你無法以提款卡來取用。

創造者通常也是信用卡債務問題最多的金錢類型。事實上，他們中的許多人應該剪掉信用卡，完全放棄信用卡和「先買後付」平臺。創造者通常喜歡在自己喜歡的東西和體驗上大手大腳地花錢，所以養成限制過度消費的習慣是至關重要的。有個有用的習慣可能是想出一套消費口號。

口號往往能吸引創造者的另類思維。當創造者有效地使用口號時，這就能顯化為一股力量。例如，為了讓創造者在

消費方面表現得更好，他們可能會採用拉米特‧塞提（Ramit Sethi）的口號：「我在我喜歡的東西上盡情揮霍，但在不喜歡的東西上則毫不留情地削減成本。」

這並不是一種這裡砍一點、那裡砍一點的削減開支習慣，這會讓創造者對生活感到不滿。相反地，它在將你的思維方式從匱乏轉變為有意識的節儉，這樣你可以在少數幾樣喜歡的東西上大肆揮霍，而在其餘的東西上則是毫不手軟地削減成本，並以這種方式將你的支出控制在收入內。

創造者通常喜歡新鮮、有趣和及時的享受，使用遊戲化是刺激他們賺錢的好方法。財務遊戲化是指你將典型的遊戲玩法元素（例如得分、與自己或他人競爭、遊戲規則和獎勵）應用到你的財務中，來鼓勵你參與並激勵你的行動。

我會鼓勵創造者在遊戲化中使用他們所有的天賦創造力──從建立財務清單來激勵你，想出自己的財務信條或使命，對你的財務遊戲加以命名，甚至創造財務模因來讓你覺得有趣和激勵你。這是使用你所有的創造力來幫助自己積極處理你的財務問題。我在下面提供了財務遊戲化以及實際上如何運作的不同例子：

將習慣或目標與獎勵聯繫起來

例如，如果我能在 12 個月之內存下我的年度儲蓄目標，那麼從那個時間點起我就可以把額外的「儲蓄」花在任何我想要的東西上。所以，如果我在 9 個月內就達成了 2 萬美元的目

標，那麼最後 3 個月，我就可以把每個月標記下來的 1,666 美元存起來，以供我任意支配。或者如果我下個月多賺了 2,000 美元，我就可以預訂下個月的日間水療療程。

可以使用記分板的方法

例如，如果你的目標是存下 10 萬美元，你可以拿一張紙，畫上 100 個方格或圖像，每個方格代表 1,000 美元，每賺 1,000 美元你就給一個方格塗上顏色。或者，如果你的目標是從生意上，或是副業，或是投資上，賺取 10 萬美元的年收入，你就可以運用相同的方法，此時這些方格或圖像就不再代表你存下來的金額，而是代表你所賺到的收入。

採用財務挑戰方式

創造短期的財務挑戰目標來激勵你利用自己的創造力來實現短期目標（以及長期目標）是一種吸引創造者的好方法。財務挑戰的例子可以是：如何在下個月多增加 1,000 美元的額外收入，或者在同一個月內會有三項很花錢的活動，同時聖誕節也要到了，此時你要如何在不花一分錢的前提下，解決這項財務難題。

創造消費和儲蓄遊戲規則

例如，你可能會決定採用一項規則，在衣服和鞋子（或任何你決定的東西）上每花 1 美元，就必須直接存 1 美元到儲蓄

帳戶，最好是存到不能立即動用的資產上，例如指數基金或直接投資股票。

　　或者你可以建立一個隔夜規則，在網路上購物時，你需要等待一夜才能夠按下「立即購買」。如果你第二天早上仍然想要這些東西，並且有足夠的資金，那麼就可以買。這樣你就不是簡單地屈服於最初的衝動。

立即給予獎勵

　　這個方法相當簡單，當你完成了一筆銷售或達到了每月的儲蓄目標時，可以給自己提示一下，或者買一瓶法國香檳來慶祝，或者預訂一次按摩。這種自我獎勵的方式不必總是與金錢獎勵聯繫在一起，特別是要花上昂貴金錢代價的那種獎勵。

使用追蹤應用程式

　　對於創造者來說，最好的應用程式是以目標為導向，你可以追蹤你的目標，而不是追蹤支出。這是因為增長儲蓄和資產，要比限制消費更能激勵你。使用那些激勵你獲取長期快樂的應用程式，比那些提醒你短期痛苦的應用程式更有幫助。

現實生活中的例子

　　有趣的是，雖然創造者可能思想開放、靈活且果斷，但他們在個人財務方面也幾乎總是不計後果。當我與創造者合作

時，我非常喜歡創造多種收入來源（這能夠滿足他們多樣化的需求），並確保這些收入來源中的一半是來自於他們不能冒險或容易出售的資產。

吉姆

吉姆是我的客戶，他是一個創造者例子。他在廣告業工作，收入不錯，但很早就意識到，雖然工作表現得很好，同時也能為別人賺到錢，但自己做投資決策就不那麼在行了。

這就是為什麼吉姆養成了一種財務習慣，在進行任何大額購買（無論是為個人還是為投資）之前，都會諮詢信任的財務顧問。當我擔任財務指導時，他通常會打電話告訴我他要買東西，但是不論我的建議如何，他都還是會去買。而且通常會比他承認的物品價格還要來得多。

有個習慣對吉姆很奏效，就是在他購買住宅、房地產、藝術品、船隻或其他投資或「玩具」時，給他一個「最高的、不能再高的」價格，因為如果不這樣做，他就會把我們同意他可以花的價格只當作是一個起始價格指南。這給了他明確的限制，同時仍然允許他可以在這個範圍內花錢。

對於像吉姆這類創造者有一種習慣很有效，就是採用口號和遊戲化。吉姆對自己採行一項挑戰，他自己選擇在哪些事物上要絕不容情地節儉開銷，在哪些事物上容許奢侈一下。

吉姆很努力工作，想要有某些資產和玩具來炫耀一下，但他認識到，如果想要財務自由，不可能擁有一切。當他查看自

己的支出時，意識到自己不太重視外出用餐或旅行，因為他花了太多時間在工作上，然而在他個人生活中，養成了享受美食和旅行的習慣。

他現在的口號是「選擇玩具，不要旅行和美食」，他經常重複這句話，不僅對自己說，當朋友邀請他一起去參加昂貴的海外旅行、週末度假或晚上外出時，他也會對其他人這樣說。因為他會把金錢優先花在自己的選擇（或是喜歡的東西）上，朋友明白這一點，因此也開始更仔細地審視自己的消費習慣。

吉姆也充分運用了他的創造者特質，透過接受財務挑戰的習慣來解決他的財務難題。儘管他有上述的口號，但發現自己仍然會想要加入朋友的海外旅遊行列，但他知道，如果這樣做，就無法實現自己的消費和儲蓄目標。他算出，如果他在離家期間出租公寓，那麼他的假期就幾乎不用花錢。

受到這個好點子的鼓舞，吉姆一直在尋找其他方法，使生活成本獲得平衡，同時還能保持他有些浮華的生活風格。這包括當起了一名優步司機，當他在開車回家時還能賺取車資。如此一來，他的豪華轎車就能收取費用，而且作為一名優步司機，他可以在回家的漫長通勤途中與人相遇，滿足了他的社交欲望。

儘管從事廣告工作，吉姆承認他在社交媒體上也很受他人的影響，他們有能力影響他的金錢口號和財務目標。吉姆在手機上設置了一個提醒，每個月第一天提醒他取消關注任何導致他點擊購買鍵的人。這是一種自動化的設置，可以讓他定期提

醒自己注意支出。

雪萊

　　下一個例子是雪萊，她不斷在自行創業。她目前擁有一項事業，同時正在啟動另一項事業，最近還出售了她原本的事業。當她賣掉事業時，立即孵出一項計畫，把來自銷售的大部分收入花在購買一套華麗的新家以及投資房地產上，以防止自己花到購買汽車、鞋子和奢侈的海外度假上，她知道自己經不起誘惑。她已經擁有相當多的股票投資組合。

　　雪萊習慣衝動性消費（而且經常如此），她認為投資房地產非常無聊，但意識到有必要將自己的錢鎖起來，並且創造一些有形和安全的資產。這些房地產也給了她一份被動收入，讓她可以專注於下一項目標。

　　雪萊與其他一些創造者一樣，也對金錢著迷。儘管她賣了事業獲得一大筆錢，但她擔心自己會沒錢，而且這種恐懼使她夜不能寐。雪萊已經養成了一系列讓自己保持冷靜的習慣 —— 包括定期向她信任的一名顧問尋求諮詢、定期冥想、合理飲食、運動，以及定期諮詢自然療法醫生。

　　雖然這些習慣中只有一個是與財務有關，但這種保持冷靜的常規是一個很好的習慣，可以確保作為一名創造者，她不會因為金錢問題而糾結或有壓力。

　　雪萊也在個人財務和事業上使用了遊戲化的習慣。在她的個人財務方面，她目前正在挑戰 5 年內賺取價值 25 萬美元的

非個人努力收入,她將這部分收入分解為每年 5 萬美元。

為了實現這一目標,她每年都挑戰自己進行創業、投資股票、房地產或其他資產。她在辦公室裡做了一個掛圖,在冰箱上做了一個更小的版本,還拍照存在手機當桌布,每天都可以透過這個視覺提醒來激勵自己。

洞察者的財務習慣

基本的習慣

當涉及到銀行帳戶之間的自動轉帳時,帳戶的數目和類型對每位洞察者來說都是獨一無二的。這是因為洞察者不喜歡同質性,不喜歡為了跟別人一樣而做某件事。他們更喜歡去理解一些東西,並根據自己的需要加以調整。

例如,一些洞察者可能只有基本銀行帳戶(日常、帳單和儲蓄帳戶),因為這對他們來說有意義,而其他洞察者可能還有娛樂帳戶、稅務帳戶、備援帳戶和其他 5 個以上的帳戶。重要的是洞察者能找出對他們有用的銀行帳戶並實際使用。

然而,洞察者可能面臨的危險在於,他們會認為整個財務基礎概念過於簡單,因此不適合他們。重要的是要記住,通常最完美的解決方案也是最簡單的,你至少要從 3 個基本帳戶開始,並設定好自動定期撥出預訂的金額存入。

進階的習慣

洞察者金錢類型的人想要自己去思考和發現事情 —— 當涉及到他們的財務時，情況也完全相同。洞察者也會因分析而癱瘓，重要的是要認識到這一點，不要等到他們找到完美的解決方案，而是要不斷地尋找、嘗試、採納或拒絕，並建立一套適合他們的財務習慣。

如果不同金錢類型的習慣對洞察者來說是有意義的，他們是最可能借用和適應這些習慣的，所以如果不同金錢類型的習慣對你有吸引力或看起來像是常識，千萬不要感到奇怪。培養一種收集財務習慣的「習慣」，這樣你就不會感到無聊，並且能不斷接受挑戰，這是一個洞察者應該養成的好習慣。

但是在深入研究洞察者的好習慣之前，讓我先花點時間解釋一下為什麼這很重要（因為如果你是洞察者，理解為什麼某件事對你很重要，你就更有可能採取行動）。

研究人員發現，嬰兒的大腦運作得更快，而且可能比成人的大腦更聰明。我們怎麼知道的？牛津大學的研究人員在 2007 年發現，嬰兒的神經元比普通成人多了 41%。

大腦中的神經元是一種特殊細胞，其功能是在全身傳遞資訊。成人大腦神經元數量減少的原因是突觸修剪。突觸本質上是大腦神經元之間的連接，當我們停止使用這些連接時，大腦會把它們剪掉，這樣它就變得更有效率。這樣，如果你願意的話，大腦就會發展出更強大、更自然的路徑來支持我們經常進

行的活動。

例如,我 5 歲時就學會了彈鋼琴。到了 13 歲,我已經達到了 8 級的水平,這是最高級別的水平,由於我每天至少練習 1 個小時,大腦會加強與我的彈琴能力有關的神經元之間的聯繫。但現在我很少彈琴,我的大腦已經切斷了這些聯繫,並將能量分配給我更經常使用的其他技能。

如果我們想養成更強的習慣,在某些方面變得更熟練,就要建立這些強大的突觸聯繫。如果我們想把籃球打得更好,就需要經常練習,如果我們想在財務方面表現得更好,我們就需要創造模式、習慣和系統來加強這些神經路徑。

建立新習慣的一個簡單方法就是把它們和現有的習慣疊加起來。詹姆斯・克利爾在他的《原子習慣》一書中稱這種做法為「習慣堆疊」。經由將一個新習慣附加到一個現有習慣上,實際上,你是在利用現有突觸連接的優勢為自己謀利。

克利爾的習慣堆疊理論可能是讓洞察者把財務習慣「自動化」的一種簡單方法。習慣堆疊的例子可能是:

- 我晚上刷牙後,會馬上把工作服放在床尾,準備明天早上穿。
- 當我下班回到家停好車,我會坐下來完成 6 組呼吸,然後再開門。
- 我每天早上倒完咖啡後,會登錄我的日常帳戶,了解

一下前一天的開銷情況。

我們已經在「創造者金錢類型」中看到了遊戲化的習慣堆疊例子：當我花 1 美元買衣服／鞋子後，必須花 1 美元買股票。這是我目前正在使用的一個習慣 —— 這是一個簡單的財務習慣堆疊，將投資行為與消費行為區分開來，這意味著我需要停下來想一想，我是否能夠支付 2 倍的價格，因為我必須投資同樣的金額。

因為這個系統對我來說是有意義的，所以我現在不用思考就這麼做了。這也是洞察者從另一種金錢類型借用一種習慣，但以他們自己的視角看待它的一個例子。在這裡，這是透過習慣堆疊而不是遊戲化。

由於洞察者金錢類型往往喜歡尋找和發現想法，不僅從其他金錢類型，甚至在財務世界之外尋找解決財務問題的方法，這可以是激勵你養成金錢習慣的方式。其中一個例子就是詢問一些荒謬的問題。

這是由「地球 1 小時」（Earth Hour）共同發起人托德‧桑普森（Todd Sampson）和《一週工作 4 小時》作者提摩西‧費里斯等人推薦的。這個習慣是對你當前的財務難題或狀況提出荒謬或挑釁的問題。荒謬問題的例子包括：

- 史蒂夫‧賈伯斯（Steve Jobs）要如何解決這個財務問題？或者，我怎樣才能把史蒂夫‧賈伯斯每天穿

同一件衣服的想法應用到我的財務上？

- 我怎樣才能在 6 個月內實現 10 年的財務目標？（你的 10 年計畫可能是買房子、生孩子、休假、攢 2 萬美元或償還債務）。

- 如果身體健康對我很重要，並且對生活各個方面都有正面的影響，每年花 10 倍於此的金錢會是什麼樣子呢？還是 100 倍？（如果你能負擔得起，你如何能在短時間內測試來衡量結果呢？）

- 或者把問題反過來。我怎麼能破壞我的財務健康呢？（如果你能想出如何摧毀它，你就能想出阻止它被摧毀的策略。）

這並不是說你在回答這些問題時必須嚴格遵守這些參數。你並不是要回答「史蒂夫·賈伯斯到底做了些什麼？」而是要回答「我該如何運用他的創造性、打破常規，甚至打破常規的思維來解決這個問題？」

這並不是說你要在接下來幾個月裡神奇地完成 10 年的夢想，而是說要如何找到正確的問題來有效地「打破你的思維」，並產生新的能力。

對於一個洞察者來說，這個習慣意味著接受並承認你所擁有的「正常」系統，你經常不喜歡某些社會規則，但卻可能強加到自己身上，在回答這類問題時，有些標準框架並不會對你起作用。你被迫得要擺脫人為的限制，依靠自己的能力進行不

同的思考。

我在創造者習慣中提到的另一個習慣也同樣適用於洞察者，那就是定期採用以時間為基礎的財務挑戰。二者之間的微妙區別在於，對於創造者來說，這可能是一種吸引人的、表現出來的、創造性的挑戰，而對於洞察者來說，這可能是一種智力的、基於理念的、解決謎題的挑戰。

這些財務挑戰可能包括：

- 下個月我需要額外增加 500 美元的收入。
- 這個月，我將完成一個 30 天的財務排毒計畫，在這 30 天裡，我不會把錢花在非必需品上。
- 今年我承諾自己要存下 5,000 美元，並捐贈 5,000 美元給一個特定的慈善機構。
- 本季度我將透過我事業中的產品 D 賺取 10 萬美元。

重點在於不要讓挑戰變得太過困難，以至於讓你不得不選擇退出，而是要讓挑戰變得足夠困難，從而激勵你去實行。

因為洞察者金錢類型（就像創造者金錢類型一般）很喜歡追逐新奇的想法，並且容易因為分析過多而癱瘓，他們很容易破壞到自己的財務面，如果他們可以運用這種財務基礎知識與定期、有趣的財務挑戰和習慣堆疊的結合，就可以創造出足夠夠的動力和安全感，幫助他們感受到財務方面的動力、滿足和安全感。

現實生活中的例子

　　大家都知道，我是屬於洞察者金錢類型，所以我在這裡列出了一些自己養成的財務習慣。

　　作為一名洞察者，我希望同時能夠執行多種計畫，但也有一個自覺「匱乏」的金錢故事，我不只需要感到財務安全，而且還需要能夠控制。我需要擁有巨大的財務獨立性和安全性，我的事業也都必須掛在自己名下，我必須以自己的名字直接投資股票，而且還必須擁有托尼無法動用的個人專屬銀行帳戶。

　　托尼明白，我以自己的名義擁有大量資金和投資，讓我在這段關係中感到安全，我們都對此感到自在，因為他也擁有自己的金錢。

　　就我個人而言，作為一名洞察者，我喜歡習慣堆疊。我經常近乎無意識地運用到這個觀念。這是因為我不太有動力，但如果我設置了一個不需要太多意志力就可以讓自己行動起來的環境，我就會始終如一地執行這個行動。

　　在不花精力的情況下保持財務健康對我來說是有意義的，這就是為什麼我不僅在財務上使用習慣堆疊，而且也運用到生活的各個層面。從「啟動汽車後，我會立即呼吸 6 次」到「倒了早上的咖啡後，我會立即調整我的 Xero 文件」。

　　我也經常接受並享受事業和個人財務所帶來的挑戰。在我的業務方面，我採用 30 天、90 天和「售出數量」當作我的財務挑戰，並且詢問一些挑釁性的問題，比如，「如果我明天要

創業，我怎麼讓自己置身事外呢？」然後採納了一些在這個過程中有意義的想法。

在個人財務方面，我會每年進行 2 次 30 天的財務排毒，在這一個月裡我不買任何新的「想要的」東西，比如衣服、鞋子和書，以幫助自己重新調整。

我喜歡計畫、清單和每月自我檢查一次 —— 這樣我就可以對所有的細節一目了然。也許我最成功和最習慣的做法是我稱為「我最美好的一年」。在年初的時候，我列了一張清單，上面寫著能夠讓今年成為我最美好一年的事項。這包括健康、健身、日常工作、假期等，但也包括財務。

我過去曾經列舉的財務例子，包括：我想要在年底擁有以自己名義投資價值 10 萬美元的股票，我想要開啟一項能夠產生超過 15 萬美元利潤的新的收入來源，或者我想要在一個特定地點購買一處價值一定金額的房地產。然後我在 AnyList 應用程式中建立一個行動項目列表，並且每月檢查來確保自己有按照計畫進行。

到了年底，當然我可能無法堅持做到每件事，但已經取得了很大的進步，至少比我沒有完成這些計畫前進步了許多。

我的大部分收入都來自於商業思維領導力。作為一名企業主，我一直在尋找更好的商業實務、解決方案和想法，而這些並不是來自於競爭對手，而是來自於我所在行業之外的人。

我糾結於「新奇事物症候群」，如果我有一個新的想法，我要麼在理解這是否奏效之前會先限制我花在上面的錢，要麼

就雇用一名專家來幫助我,這樣我就可以成功在市場上推出,然後在我的事業中找到其他人來幫我經營。

我沒有太多不同的銀行帳戶,但我有一些基本的帳戶——1個日常帳戶,1個股票帳戶(我的儲蓄),還有1張可以自動支付帳單的信用卡。我討厭管理自己的生活,所以我把所有的帳單和退休金都設定為自動支付。其他一切也都可以自動化或外包,包括清潔、園藝、事業管理等。

提摩西・費里斯

另一個例子是提摩西・費里斯,我認為他可能是一名洞察者。提摩西採用一個他稱之為「單層習慣」的習慣,我相信這個習慣對勤儉的洞察者很管用。這也是一個提出荒謬財務問題的例子。

之所以稱之為「單層習慣」,是因為提摩西說他曾經買過單層廁紙,但他得捲成許多層才能有效使用。這意味著,儘管一開始花費較少,但實際上花費更多,因為這樣一來用量更大。這讓他意識到,在某些情況下,他的節儉是不合邏輯的。然後他繼續質疑,把錢花在哪裡帶給他巨大回報,以及他是否應該在那裡增加支出。

要把這種習慣應用到自己的生活中,你需要問自己一些關於支出的問題。提摩西建議問以下問題:

- 在過去的 12 個月裡,哪些 100 美元以下的消費對我

的生活產生了最正面的影響？它們是否集中在某些
特定地方？

- 在高槓桿領域投資超過 100 美元會是什麼樣子？如果
  我每年要花 1,000 美元、1 萬美元，或 10 萬美元會是
  什麼情況？

　　用提摩西的話來說，我們的目標不是釋放出不負責任的
「海怪」（Kraken），也不是要像喝醉了的水手那樣亂花錢。
如果你計畫要購買幾加侖的好市多番茄醬，每份番茄醬可以節
省 2 美分，那麼這些問題就會導引你走向相反的方向。

　　提摩西在他的博客上談到了他決定花更多錢買衛生紙，
以及為年邁的父母支付健身課程的事情。經過一段短暫的試驗
期，他意識到對父母來說，身體、財務和情感上的收獲是如此
之大，所以他至少還要再繼續 1 年。

　　提摩西在他的博客「你還在哪裡用單層的？」（Where are
you still using single-ply）接著問了以下關於消費和儲蓄的問題：

　　從基於稀缺的決策轉向基於結果的決策會是什麼樣子？
這並不必然是為了增加開支，但可以為以下問題提供更好的答
案：「我應該在哪裡增加投資，在哪裡減少投資？」和「它可
以在哪裡產生有意義的差異？」請注意，這些問題的措辭真的
很重要。首先問「我應該在哪裡增加投資？」然後再問「我應
該在哪裡減少投資？」

　　提摩西作為一名洞察者金錢類型的例子之所以吸引人，是因為它吸引了我們的求知欲，把它從一個必須做變成了一個做起來很有趣的實驗。這是讓洞察者能夠有效運用金錢習慣的關鍵 —— 首先他們得確保基本的東西都有了，然後養成能夠激發他們智慧的習慣和做法。

關聯者的財務習慣

基本的習慣

　　關聯者金錢類型的人通常最需要銀行帳戶，因為他們會把其他人的需要放在第一位。擁有一個自動化系統，並且在不同的銀行擁有多個帳戶，這是讓一名關聯者首先戴上自己的財務氧氣面罩的方式。

　　對關聯者來說，重要的銀行帳戶包括日常帳戶、儲蓄帳戶、帳單帳戶、備援帳戶（或緊急帳戶）和娛樂帳戶。

　　擁有一個只為自己而設的娛樂帳戶是非常重要的 —— 這樣他們就不僅僅是在照顧別人，他們也能為自己花錢。而擁有一個備援帳戶，對於他們自己的汽車維修和孩子的汽車維修是同等重要的，因為他們總是想要援救他人。這樣一來，他們就不會動用積蓄了。但是，就像創造者金錢類型一樣，關聯者應該確保他們的備援帳戶不是與日常帳戶開在同一家銀行。

我曾考慮過給關聯者建立一個「回饋帳戶」，雖然這對一些人來說行得通，但我發現，如果他們的大部分收入沒有進入這個帳戶，就會感到內疚。固定將你的部分收入提出並用到事業上是一項很好的做法，但對於大多數關聯者來說，這涉及到從日常帳戶中拿出錢來，並採用自己的消費習慣來做調整。

進階的習慣

無論是天生的還是後天培養的，關聯者的本性就是樂於幫助他人。這是他們最大的優勢之一，但如果他們一直這樣做就會耗盡自己，這也可能是他們最大的弱點。關聯者傾向於把自己放在最後，以便能夠拯救周圍的人，這就是為什麼對關聯者來說，設計自己的財務安全網或氧氣面罩是很重要的。

一個對關聯者來說非常重要的財務習慣，是要把存款藏在其他東西裡，而不要以現金型式持有 —— 可以放在貸款上，而不是還款帳戶裡，並且忽略或減少重新提領的金額（這與我給其他金錢類型的建議非常不同）。如果不太可能動用這些資金，可以把錢存入無法取出的退休金帳戶，或者存入股票、指數基金或管理基金。這是拯救自己的良方，因為關聯者總是想要幫助他人，長期而言很可能損害自己的財務健康。

關聯者通常是一群非常有同理心的人。他們是最有可能捐款、幫助朋友和家人、拿出時間和金錢的人。他們也最容易感到不知所措，如果覺得太難或太超過，會選擇在財務面退出。

關聯者可以培養一個良好的財務習慣，如我在第 11 章提過的，先確保有一個情感上可供依循的目標（而不是一個他們認為應該做的目標）以及一個設定為自動化後就可以將之拋諸腦後的儲蓄計畫，這樣當他們感到不知所措想停止時，也不會對未來財務產生負面影響。

關鍵是要確保這是你情感上的目標，如果你對目標沒有情感上的依賴，那就捨棄，重新開始，或者重新架構你的計畫，直到滿意為止。

例如，你的目標可能是擁有自己的房子，但你發現，當有那麼多其他有價值的事情可以投入，或你想獲取某些經驗時，你很難對買房子感到興奮。但透過重構這一目標來擁有自己永久的家，你可以為朋友和所愛的人建立一個安全的避風港，可以擁有一個地方來照顧健康狀況正在衰退的母親，這樣的目標可以影響你、觸動你，進而讓你有動力去努力。

你會與一個目標建立起情感上的聯繫，因為不只是在為自己認為該做的事而努力，其他人也獲得了幫助。

另一個重要的習慣是，如果你是一名關聯者，你得找出如何在對他人有益的同時，也能關照到自己的地方進行投資。這是因為，你不一定會被自己的利益所驅使，但會把錢用在其他人和事業上。你應該尋找能帶來改變並讓你興奮的投資，比如投資低成本住房或道德指數基金，在這些方面，你既可以關注自己的財務未來，同時也可以促進社會福利和行善的事業。

投資長期資產是一個對關聯者很重要的習慣，因為你無

法輕易出售或贈與他人。雖然關聯者可能覺得投資房地產最安全，但他們也最有可能讓親戚或朋友便宜租到他們的房子（甚至免費供其住宿）。所以，你得確定購買的資產是適合你的（不是為了別人的利益而購買的），或者它們是遠離你地理區域的資產。

好習慣可以讓關聯者設定一個情感性的目標，然後讓他們能夠負起更多社會性責任。在金錢類型中，你是最會受到外部激勵的，所以加入責任小組，和朋友組建責任小組，或和信任的朋友一起投資，這些都是很好的方式，讓你可以滿足自己的需求、幫助別人，同時也能夠幫助自己。這些也有很大的科學意義。

一項由加州多明尼加大學（Dominican University）蓋爾·馬修斯博士（Dr. Gail Matthews）進行的研究發現，那些寫下自己的目標，然後每週把自己的最新進展告訴一名朋友的人，在完成他們的目標方面，比沒有這麼做的人多出 33%。

所以，利用你金錢類型的合作者和連結者優勢是確保你達成目標的好方法。使用科技可以幫助解決這個問題。例如，你可以在臉書上建立一個不公開的小組來分享你的儲蓄目標，然後在小組裡簽到，互相鼓勵。

使用包括應用程式和社交媒體在內的科技也可以是一項有用的工具，能夠幫助你解決難解的財務問題 —— 比如你無法向別人要回你借給他們的錢，或者你先替他們墊付的帳單或餐飲費用。

例如，Venmo 或 Splitwise 等應用程式可以用來提醒朋友他們欠你的錢，並記錄分攤費用的借條，這樣群組中的每個人都可以看到他們所欠的金額。Splitwise 會在月底給每個人發送催款單，這樣每個人都能付清欠款，開始新的一個月分，有一個全新的開始，這樣你就不會感到不自在。

在團隊或協作的環境中，關聯者的表現特別優越，所以建立能夠發揮這種優勢的財務環境對你是很重要的。如果你是單身，而且不太有動力獨自行動，在開始投資時，你可以考慮建立一個好習慣，就是和朋友、兄弟姊妹或其他（你信任的）人一起投資。

如果你在事業上是屬於獨行俠，你可以養成一個好習慣，加入一個每月聚會的事業諮詢小組，在共用的辦公空間工作，或與其他志同道合的獨行俠一起建立一個彼此在事業上互相支援的計畫。

現實生活中的例子

崔西

崔西是我的同事，她是一名關聯者。當我們討論財務問題時，她告訴我，她對全球正在發生的事情以及新聞和社交媒體上經常報導的自然災害完全不知所措。她發現自己不斷地捐款，直到不敢正視自己到底捐了多少錢，以及她的銀行帳戶裡還有多少餘額。崔西承認她只想要活在當下，「管它明天會怎

樣」，因為她不知道明天會變成什麼樣。

為了調節內心的苦悶、天生想要幫助他人的需求以及想打退堂鼓的傾向，崔西建立了多個銀行帳戶和一個自動系統來幫助自己減少開支，這使她能有自信地捐款給關心的事業。她有1個度假帳戶、1個捐贈帳戶、1個日常帳戶、1個帳單帳戶。

對於崔西來說，將收入的一部分捐贈出去是很重要的，因此建立一個自動化的捐贈帳戶會讓她感到更輕鬆，因為她已經把這點列為優先事項。她承認自己會捐出超過捐贈帳戶中的金額，但透過限制日常帳戶中的任何額外捐款，她也創建了自己的財務安全網。

崔西也意識到她無法一邊儲蓄、一邊捐贈，還能夠每年出國度假，所以她選擇每3年出國1次，而不是每年1次。崔西也意識到她想要擁有自己的家的安全感，於是她便延後度假的時間，這樣她就能存下一筆存款。

崔西喜歡和朋友們一起旅行，她過去曾經幫助他們支付一部分機票錢，讓整個團隊能夠一起旅行。這個團隊已經計畫要在3年內去南美度假，崔西還為他們組織了一個共同銀行帳戶，提款時需要所有人簽名。

每個人都設定好定期自動轉帳進這個帳戶，並在WhatsApp上建立了一個群組，互相鼓勵。他們一致同意，如果生活中發生了變數，有人不能成行，並且需要拿回自己的資金，他們會拿回自己所存的全部金額。

旅遊團中的一些人承認，這種「強制儲蓄」是他們第一次

不用信用卡進行旅行。結果，這個友情團體裡的一些女性已經開始討論和分享她們可以在其他方面一起儲蓄和投資，包括可能一起創業，也分享自己的用來賺錢的財務習慣和其他相關的事情。崔西向我承認，她很喜歡上述的一切，就像她認為自己很享受假期一樣。

羅伯

另一個關聯者的例子是羅伯。他非常關心家人和伴侶，希望他們過得最好。然而，羅伯已經四十多歲了，他擔心自己沒有自己的房子，儘管他非常喜歡和朋友們一起到海外去旅行體驗一些不可思議的經驗，但他實際上幾乎沒有什麼有形資產。

羅伯發現，他已經有一些財務問題，因為他和伴侶之間還沒有穩定下來，他也不確定職業生涯下一步該怎麼走。儘管他非常想要一個安全網，但卻還不願意購買一套永久的房子。羅伯還經常在財務方面支援哥哥和父母，他們會定期來找他借錢，但他並不指望他們會還錢。

羅伯最終意識到，他需要愛自己一些，並且為自己戴上氧氣面罩。他開始產生這樣的自覺後，便決定存錢投資房地產。為了做到這一點，羅伯分別開了 2 個銀行帳戶，並在 2 張簽帳金融卡上黏貼紙，一張上面寫著「可供動用的日常帳戶」，另一張則寫著「禁止作為其他用途的帳單帳戶」。

這是一個視覺上的提醒，這樣可以阻止他想要動用帳單帳戶去作其他非支付帳單的用途，而他的日常帳戶則可以用來支

應日常開支。

　　有幾次，他確實偷偷拿出帳單帳戶的簽帳金融卡，店員會問他是否打算用那張卡，因為卡上貼了「禁止」的字眼，用來提醒他不要動用那張卡。

　　羅伯把存款自動存入一個高利率的網路帳戶，並要求一名信任的好朋友幫忙修改密碼，這樣他就無法進入該帳戶。他設置了兩步驟的安全機制來保護自己，以免朋友因為羅伯不知道密碼就盜領。他很慶幸自己可以選擇「忘記密碼」再重獲存款，但這給他增加了一道額外的障礙。

　　羅伯請這位朋友擔任他的責任夥伴，兩人同意他們每週見面喝咖啡，幫助羅伯堅持他的儲蓄目標，並在借錢給他家人方面採取堅定的立場。

　　羅伯隨後與他的家人開了一個家庭會議，他解釋說他的收入減少了（這是真的，因為他的儲蓄目標讓可動用收入減少了），他再也不能借錢給他們了。然而，他告訴父母，他會每週定期轉一小筆錢到他們的帳戶，以補貼他們的開支。這讓羅伯同時滿足了在財務上照顧家庭以及保護自己的需要。

　　在 12 個月之內，羅伯達到了他的存款目標。為了做到這一點，他在另一個州以中等市場價格購買了一套他覺得安全的房子。因為他沒有 20% 的預付款，他得支付貸款保險，但他感到放心，因為他知道這是一項長期投資。此外，他知道他不會錯過任何一筆貸款還款，但他擔心自己最終可能會停止他的儲蓄目標。

漸進找到適合自己的財務習慣

在所有這些關於金錢習慣的理論和例子中，有些是相關的，有些是顯而易見的，有些可能會引起你的好奇心，而有些則可能看起來很荒謬。這些都沒問題，甚至是意料之中的。

當你想要找到適合自己的習慣時，建議先嘗試一個感興趣的，看看它是否適合你，自行調整一下，然後再嘗試另一個。或者你可以嘗試一種習慣，如果它不適合你，可以放棄，然後再嘗試另一種，直到找到一套適合自己的習慣。

培養良好的財務習慣就是建立漸進式的改變，這種改變會隨著時間的推移而逐步累積起來。這和刷牙、每天舉重或學習一門語言沒什麼不同。訣竅在於找到有動力堅持的終身習慣。

你可能已經注意到，在這些例子中，我沒有談到預算。這是因為對大多數人來說，預算根本起不了作用，就像節食一樣。預算是有限制的，涉及到你將收入分配到所有你可能花費的事物上，通常只剩下一小部分用來儲蓄。

相反的，我談論了設立不同的銀行帳戶、自動化、直接扣款、把儲蓄從我們的視線中隱藏起來、外包、遊戲化、問責制、提出爭議性問題、房地產所有權、指數基金、多重收入來源、事業、使用科技等。

如果你喜歡合理的預算，那你會瘋掉！但對多數人來說，我建議的系統是識別一系列基礎的財務習慣，並將其與你獨特的金錢類型、故事的好習慣和對我們有用的小的行為改變結合

起來，以便讓我們看到為自己所設計的財務未來。

讓我們感謝老天吧！

一旦你養成了一套在 90% 時間裡都對自己有用的習慣，我想問的問題是，那剩下的 10% 呢？當你壓力大、沒時間、收入下降，或疫情來襲時，又該怎麼辦？這就是下一章的內容。

當我們遭遇到壓力、事情出錯，或意外發生時，習慣往往就會停擺、被擱置在一邊，或者完全被拋棄。我希望你不僅能為生活無風波時創造一套習慣，而且還能為事故發生時設計好一套應急習慣。因為意外總是不期而至。

我希望你在壓力到來時有一套積極的財務策略，而不是只能按下緊急停止按鈕、拉上手剎車或任由財務受損。

下一步就是要為你獨特的財務表型建立一套全方位的習慣，你會在下一章中發現如何做到這一點。

13 紓解壓力，
避免財務失控

　　在前幾章中，我們討論了一些你可以採用並嘗試的正面金錢習慣，它們對於你的財務表型都是獨一無二的。然而，我也想承認，很多人在不知不覺中養成了負面的花錢習慣，尤其是當有壓力時，這可能會破壞到我們的財務面。

　　不幸的是，不是很多人都能夠免於遭受壓力的影響，所以專家們認為在現代社會中壓力越來越大，也就不足為奇了，而這些通常是由我們所創造的社會所造成的。當然，在現在這個時候，我們正經歷著更大的壓力，無論是來自全球疫情大流行、森林大火，還是終身俸餘額驟降。我想回答的問題是：在短期或長期的壓力下，我們在財務上如何因應？

　　其實並非所有的壓力都是不好的。壓力對每個人來說都是生活中正常的一部分 —— 當然對我來說也是日常生活中正常的一部分。有些壓力是好的，可以觸發你的戰鬥或逃避機制來幫助你處理緊急情況。它可以增強我們在困難或危險情況下的意識，讓我們在那一瞬間迅速採取行動。

　　但是，如果壓力是長期持續的，它會對你的健康有害，而

壓力對我們的財務狀況也會構成危害，我對此感興趣並想在此加以討論。

壓力，正如我們今天所理解的，主要是一個來自於漢斯‧謝耶（Hans Selye）的概念，他在 1946 年的一篇論文中提出了這個概念。在此之前，壓力與我們的心態關係不大，但與逆境更有關聯 —— 壓力這個詞在工程學中被大量用於描述對材料的影響。

自那以後，有很多關於壓力對我們大腦的正面和負面影響的研究。2015 年，托德‧海爾（Todd Hare）、西爾維婭‧邁爾（Silvia Maier）和艾丹‧瑪克瓦納（Aidan Makwana）進行了一項這樣的研究，並發表在〈急性壓力經由改變大腦決策迴路中的多種功能聯繫，損害目標導向選擇中的自我控制〉（Acute Stress Impairs Self-Control in Goal-Directed Choice by Altering Multiple Functional Connections within the Brain's Decision Circuits）這篇論文中。

這項研究的名字洩露了它的結論，但我們對它很感興趣，因為它研究了壓力、誘惑和我們的老朋友，自我控制。

在這項研究中，研究人員對 22 名參與者進行了測試，他們之所以被選中，是因為他們想保持健康的生活方式，但卻渴望吃垃圾食品，因此每天都得面臨自我控制的挑戰。

研究人員將參與者分成兩組 —— 壓力組和對照組。兩組之間的區別在於，參與者須在實驗室裡度過 3 小時，壓力組在錄影時必須將手浸入冰水中 3 分鐘。他們被要求不可與攝影師說

話，如果感到太冷，可以將手從冰水中移開，但不可以看向攝影機以外的地方。

同時，對照組也經歷同樣的過程，只是他們的手必須放在溫水中，時間相同，實驗過程沒有錄影。

我不知道你的答案，但我能猜出結果。壓力組的多數人都會選擇不健康的食物，以獎勵自己經受的磨難。研究人員發現：

受到壓力的參與者會選擇立即可為味覺帶來獎賞的食物，他們在杏仁核和腹側紋狀體的部分編碼味覺更強烈。

此外，壓力增加了這些邊緣區與代表綜合刺激值的腹內側前額葉皮質之間的任務依賴連接。此外，壓力增加與腹內側前額葉皮質和背外側前額葉皮質區域之間的連接減少有關，後者在自我控制時會被啟動。

換句話說，短期壓力不僅導致參與者放棄了長期健康目標，而且大腦活動也發生了類似的改變。如果你還記得第 7 章，這些是我們所討論的大腦區域，它降低了個體對食物選擇的自我控制。

建立財務系統，免除壓力干擾

我們已經從前面章節的討論中了解到，多數人都缺乏自制

力。如果我們明白即使只是適度的壓力也會影響我們的自制力和選擇，那麼有必要建立系統和習慣，以確保我們不會在這些壓力到來時破壞自己的財務面。因為壓力將會破壞我們的財務。

當談到金錢和壓力時，其中一個問題是，對許多人來說，我們的財務狀況本身就是一個巨大的壓力來源。

根據澳洲心理學會（Australian Psychological Society）的年度「壓力與幸福」（Stress & Wellbeing）報告，財務狀況經常是我們最擔心或產生壓力的原因。這項調查報告稱，「澳洲人」對金錢的擔憂並未減弱。在 2011 年～ 2015 年，財務問題被認為是壓力的首要原因。換句話說，現代生活本來就會使壓力上升，但我們的財務狀況本身就會導致壓力的增加。

這種財務壓力會對我們的健康產生負面影響，影響我們理性、冷靜的思考和做出明智財務決定的能力。普林斯頓大學的阿南迪‧馬尼（Anandi Mani）、森德希爾‧穆拉伊特丹（Sendhil Mullainathan）、埃爾達‧沙菲爾（Eldar Shafir）和趙佳穎（Jiaying Zhao）在 2013 年發表的一篇論文中指出，財務壓力導致參與者在普通理解、智力和邏輯測試中表現較差。平均而言，壓力組的參與者智商會下降 13 個點，或者一整晚失眠。

財務壓力可能因年齡和人口結構而異。根據美銀美林集團（Bank of America Merrill Lynch）2017 年的一份〈職場福利報告〉（Workplace Benefits Report），千禧一代因壓力而干擾到工作的可能性是嬰兒潮一代的 2 倍，近 60% 的人認為財務壓力

對他們的健康有負面影響。

在澳洲，儘管國內生產總值增長了二十多年，但是社會影響中心（Centre for Social Impact）在其報告〈2016 年澳洲財務彈性〉（Financial Resilience in Australia 2016）中指出，2015 年～ 2016 年，澳洲的財務彈性總體水平有所下降……240 萬成年人在經濟上處於弱勢，財務有保障的比例顯著下降（由 35.7% 降至 31.2%）。

根據澳洲人權委員會「老年婦女無家可歸的風險：背景檔案」（Older Women's Risk of Homelessness: Background Paper）中的統計資料，55 歲以上的婦女「是 2011 年～ 2016 年間無家可歸的澳洲人中增長最快的群體，增加了 31%」。

換句話說，財務壓力不僅會加諸在分群的人口組成上，整體人口的增加也會有財務壓力。這就是為什麼同時意識到一般壓力源和我們的財務壓力源是很重要的，這樣當我們面對艱難時刻，就不會陷入無意識的、默認的行為，並對我們的財務產生負面的影響。

當我們感到有壓力並且已經遭受到負面影響時，我們一般不會去想因果關係。通常，當我們身處其中的時候 —— 也就是當我們很難思考的時候 —— 我們就已經深受其害，因為我們的壓力太大了。

相反地，當我們試圖清理我們所造成的混亂，因為當時我們遭受到壓力的影響，行為模式也會與我們為自己制定的美好計畫背道而馳，我們會在事後思考自己如何破壞自身的財

務面。我們會為自己的行為感到羞愧，所以我們會儘量不去想它，而只是在精神上責備。

這就是為什麼我相信養成一系列的習慣是至關重要的，這樣在有壓力的情況出現之前，我們就不會出現破壞自己財務面的行為。或者，它可能會產生一系列與財務無關的行為，並且創造出一個整體上讓你壓力更小的環境。

讓我們回到上面關於食物和冰浴的研究例子。冰浴和食物沒有任何關係，但它會讓參與者去選擇沒有幫助的選項。在這裡，我們必須承認，有些與我們的財務狀況無關的環境和情況會讓我們感到壓力，並做出對財務無益的行為。我們要主動創造不同的習慣和環境來應對這種情況。

目前的研究支持這種方法。2016 年，埃里克・莫納斯特里奧（Erik Monasterio）、奧馬・爾・梅丹（Omer Mei Dan）、安東尼・哈克尼（Anthony Hackney）、艾米・蓮恩（Amy Lane）、伊戈爾・茲維爾（Igor Zwir）、桑多・羅縶（Sandor Rozsa）和羅伯特・克勞寧格（Robert Cloninger）進行一項名為「極限運動員的壓力反應性和個性：定點跳傘運動員的心理生物學」（Stress Reactivity and Personality in Extreme Sport Athletes: The psychobiology of BASE jumpers）的研究。

研究人員選擇定點跳傘運動員是因為「極限運動員提供了一個不尋常的機會，藉此可了解各種不同的特徵和情況組合的影響，這些因素可能影響他們的決策和壓力反應性」。研究人員研究了運動員的個性，也觀察了他們監控壓力水平的能力

── 換句話說就是自制力。

雖然多數人都不是極限運動員,但許多人在某些時候會經歷不同程度的財務壓力,我們監控壓力水平和自我控制的能力是財務穩定的關鍵。

這種監控和調節不必然包括財務習慣。也許是使用輔助冥想技巧的應用程式、關閉手機、暫停接收電子郵件、移動身體、增加睡眠,和使用調節和改善睡眠模式的設備。這些都是我們可用來降低壓力水平的技巧,這樣做可以保護我們的財務狀況。

認清壓力源

當我們在考慮如何制定計畫來應對我們在壓力下的財務行為時,我認為看看那些在商業世界中已經為壓力做好規畫的人是有幫助的。

例如,星巴克經常定期教導員工使用所謂的「轉折點」(inflection point)來處理工作場所的壓力。轉折點是一天中的壓力時刻 ── 例如,可能是遇到抱怨的顧客。員工被教導要反覆練習對這些轉折點的反應,這樣當現實生活中出現壓力時,他們的反應就會是透過習慣來選擇,而不是一種不受控制、戰鬥或逃跑的自動壓力反應。

我們也可以做同樣的事情。也就是先認清生活中的這些壓

力源或轉折點，然後制定計畫，預測你將如何及時克服這些狀況，然後不斷練習這個計畫以及這些轉折點和壓力源出現時的習慣。

至於這些習慣在現實生活中會是什麼樣子，我想可以跟你分享一些我的經驗。

我已經在第 4 章中分享過我的金錢故事是感覺「匱乏」，我想要確保自己有足夠的權力、安全感和控制權。當生活壓力出現，或當我感到被逼到一個角落，或被剝奪了權力和控制權時，我會試圖以某種方式重新獲得。通常，最簡單的方法就是依靠我的財務。作為一名洞察者金錢類型，我經常會想得太多，並且想出備用策略。

以下你會看到，這對我有好處也有壞處。

當我有壓力的時候，我傾向於做三件事。首先，我會使用我混合了洞察者和工作者金錢類型的基本行為想出新點子，為我的事業找到新的收入來源，或者想出如何打破目前僵局的點子，並且全心投入其中。

我花了數不清的時間（無時無刻）來計畫、制定策略，在過去，我花了太多的時間和金錢來追求這些想法。現在，我並不是說追逐想法是不好的，但是當你僅僅只是為了試圖重新控制局面而超支時，這就是不好的。尤其是對你的財務面。

我做的第二件事就是在個人財務上踩剎車（你會在之後看到，我說的是除了消費以外）。這就好像我在我的事業上非常忙碌，我想做新的投資而且可能超支，此時我會暫停我的個

人財務運作。我是說我按下了停止鍵。我的納稅申報單遲交了（這對會計來說不太好），我無法處理小事情，我無法針對我已經確定是正確的投資性資產做出購買決定。

在這段時間裡，我對自己變得非常沮喪，以至於為了彌補自己的不足而想出了更多的想法，這樣的情況不斷重複出現。有趣的是，我通常也會在此時停止運動和冥想，開始吃起大把大把的巧克力。

然而，在這種循環中，我所做的第三件事可能是最具破壞性的，如果在第一步中我想做的新投資沒有成功（幸好，每個人的情況都是如此），我就會隨意亂花錢。通常在此時，我會大肆運用我在奢侈品購物網「頗特女士」（Net-a-Porter）的貴賓卡，因為我很忙，感覺很煩躁，我累壞了，而且我並未給自己任何東西以資獎勵，我希望快遞能夠為我送來一些漂亮的東西當作給自己的獎賞。

到目前為止，我默認的支出經常與我設定的可持續發展和道德消費的價值觀發生衝突，所以我感到羞恥。這種迴圈還在繼續。

如果我不小心，壓力和它對我的影響會使我在財務上脫軌，我老實告訴你，它也有能力使我的身體和精神脫軌。過去也是如此。我為了逃避真正發生在自己身上的事，藉由所有這些瘋狂的活動試圖在裂開的傷口上貼創可貼。

你自己的壓力和破壞因素也會不同。但重要的是要認識到它們，並在它們出現時提出一個計畫。而且最好在它們第一次

出現之前便計畫好。

我該為自己的壓力源和破壞行為制定什麼樣的計畫呢？我開始例行冥想，戒掉巧克力，集中精力確保我的呼吸是深度的而不是淺層的，並且有規律地運動。我確定每週都和丈夫晚上出去約會，每週都和好友羅德聚會，每週午餐時間和我工作上的另一半勞倫一起散步。

我承諾每個月都要和我的商業夥伴們聚一聚，每季都要和我「愛穿黑色小洋裝」（LBD）的閨蜜們共進晚餐，我承諾每個週末都有一整天不工作。

現在看起來，這一切可能都很愚蠢，而且完全非關財務，但當其中有兩件或兩件以上的事情停止時，我就會發現自己處於壓力和財務破壞的風險之中。這些例行公事就像煤礦裡的金絲雀（早期預警的意思），當我注意到它們時，可以迅速且容易地按下緊急按鈕。

對我來說，緊急按鈕是這樣的：立即實施 30 天的財務排毒，在這 30 天裡，我都不能買任何新的「想要的東西」。我立刻把一個除了閱讀和睡覺什麼都不做的長週末記到日記本裡，然後關掉手機。如果有必要，我會預約治療師。

最近，我已經開始「廣域高振動生活挑戰」（Broad Place High Vibrational Living Challenge），這包括 14 天不吃巧克力、不喝葡萄酒、不喝咖啡、每天運動、每天冥想 2 次，以及每天練習感恩。

但我也養成了一套財務習慣，讓自己不必經常按緊急停止

按鈕。我為自己的財務表型創造了一套習慣，就像我在第 12 章中談到的那些習慣，我已經建立了一套自動化、無意識的財務行為基礎。

現在輪到你了。

首先，看看周圍的環境，想想那些能降低你整體壓力的良好非財務習慣。可能是每天運動 30 分鐘、減少糖的攝取量、停下來 15 分鐘專心享受你的每日拿鐵咖啡，每週和好朋友玩一場觸身式橄欖球，或者每天冥想。

接下來，看看你的財務習慣，找出在你壓力大時出現的模式，並認識到這如何導致破壞性的財務行為。

當你把它們列出來時，通常更容易辨認出來，所以現在就拿出一張紙寫下來。一旦你意識到自己在壓力下做出破壞財務的行為時，你就會想出一個替代策略或替代行為來取代之。

最後，你可以開始扮演一名偵探，找出那些「轉折點」或讓你感到壓力的時刻。

多數人不需要太費力就可以找到壓力點 —— 就算是最近全球大流行的疫情和我們對此的反應，還有其對我們財務的影響。但是我們在此專注的並非只有全球壓力源；通常每天都有壓力產生。

例如，這可能是一名憤怒的同事、一名不知所措的客戶、一名生病的父母，或是你正在對抗或處理創傷。把壓力記錄下來通常是有幫助的，這樣你就能在它們再次出現的時候認出來，並且能夠立即實施你的計畫來應對這些壓力。

　　這一章是關於當你的財務習慣對你剩下的 10% 時間沒用的時候，要怎麼辦。現在就制定一個計畫，以減輕壓力時期的破壞性影響，並確保你的行為符合你的最佳財務利益。

　　再次強調，這是關於讓潛意識意識到你可以指導自己的生活和控制自己的財務。透過識別壓力源和相關的破壞行為，你可以開始創造一個環境，建立對你獨特的財務表型以及對你一生都最有效的良好財務習慣。

14 金錢習慣工作表回顧

　　到目前為止，你已經習慣了回顧，但當談到習慣時，回顧尤其重要，因為它是關於如何與金錢互動和行為的有形差異。正如我們討論過的，有很多習慣你可以採用。就你的目的而言，就是養成一種習慣，嘗試它，看看它是否適合你，如果不合適，就拒絕它，然後嘗試另一個。如果是的話，就把它融入行為中，再添加另一個。

　　如同先前的練習，拿一張紙寫下以下標題，當中要留一些空隙，以便增加其他內容（你也可以到 melissabrowne. com.au 上的「Musings」〔沉思〕區塊，點擊「Your Financial Phenotype Resources」〔你的財務表型資源〕下載工作表，其中包含了我在這本書的回顧章節中的所有例子和練習）。

　　如果你正在努力找出需要先嘗試的習慣，詹姆斯・克利爾在他的《原子習慣》一書中提出了一些很好的測試問題：

- 什麼對我來說很有趣，但對別人來說很有用？
- 是什麼讓我忘記了時間？
- 我在哪裡能得到比普通人更高的回報？
- 我的天性是什麼？

如果我將這些問題應用在自己的財務習慣上，我知道自己很具競爭性，所以儘管我是洞察者金錢類型，但從邏輯上來說，遊戲化可能對我很有效，因為當我產生競爭性時（特別是對我自己），我就會做得很好。

在測試財務習慣時，記錄哪些有效、哪些無效，以及原因是很有幫助的。請將以下標題複製到一張紙上或你的手機上，並記錄下哪些有效、哪些無效，和你下一步要嘗試的內容。

我想嘗試我認為對自己最有效的金錢習慣：

習慣　　　　　　嘗試的日期　　　　　　拒絕／接受的習慣

接下來是關於你的壓力源和破壞行為。
複製並寫下你對以下問題的答案：

- 我應該採取哪些非財務方面的好習慣來降低我的總體壓力水平？
- 當我有壓力時，可能會被什麼所害：
- 相反地，我可以：

記住，儘管有以上這些，你不可能第一次就做對，而且可能一開始會感覺很難。但是透過嘗試和錯誤，你可以創造一個適合你的財務環境。

15 有衝動購物和
成癮問題，怎麼辦？

我們的文化教導我們羞恥 ── 它決定了什麼是可接受，什麼是不可接受。我們並非生來就渴望擁有完美的身材。我們並非生來就害怕講述自己的故事。我們並不是生來就害怕隨著年紀增長而感覺不到自我的價值。我們不是一出生就一隻手拿著陶瓷大庫房（Pottery Barn）的商品目錄，另一隻手則負債累累。羞恥來自外部 ── 來自我們文化的資訊和期望。從我們內心深處傳來的則是一種非常人性的歸屬感和共鳴的需求。

── 布芮尼・布朗

出於良心，我不能光只談論財務表型、你們的金錢故事和類型，而不談論上癮和衝動。這是因為當涉及到財務時，有一小部份的人可能陷入了上癮和衝動行為的迴圈中，而我想強調的是，要承認這與平常可以創造一套習慣來應對的金錢類型或故事完全不同。在這狀況下，你的大腦實際上被劫持了，我鼓勵你尋求專業協助。

重要的是要理解一個人喜歡買些東西和購物成癮是有區別的。一個喜歡小賭一把的人和沉迷於賭博的賭徒是有區別的。

雖然我們在邏輯上可以理解享受和上癮之間的區別，但研究人員和科學家仍然不明白為什麼我們會上癮。我們並不真正了解上癮的原因，以及這應該歸因於天性還是後天教養多些。然而，我們真正了解的是上癮對大腦的關鍵作用。

2011 年 7 月發表的哈佛精神健康信〈上癮如何劫持大腦〉（How addiction hijacks the brain）闡述得最精闢，由於成癮是如此重要、敏感和細緻入微的主題，我想引用這封信的一部分。

成癮會對大腦產生長期且強大的影響，表現為三種不同的方式：對成癮物件的渴望，對其使用失去控制，以及不顧不良後果繼續陷溺其中。

根據目前關於成癮的理論，多巴胺與另一種神經傳遞物質麩胺酸相互作用，接管了大腦與獎勵相關的學習系統。這個系統在維持生命方面有著重要的作用，因為它將人類生存所需的活動（例如飲食和性）與快樂和獎勵聯繫起來。大腦中的獎賞迴路包括與動機、記憶以及快樂有關的區域。上癮的物質和行為會刺激同一個迴路 —— 然後使其超載。

反覆接觸上癮物質或行為，會導致伏隔核和前額葉皮質（大腦中負責計畫和執行任務的區域）的神經細胞以一種伴侶間既喜歡又想要的方式進行交流，進而驅使我們追求它。也就是說，這個過程促使我們採取行動尋找快樂的源泉。

我之所以想把這種效應講得如此清楚，是為了讓你認知到成癮是真實存在的，而且可以通過我們身體和行為中發生的事情來進行研究。然而，我們也可以擺脫自己的癮頭 —— 但前提是我們選擇這樣做。

當然，媒體上有很多關於喜好花錢的人和愛好儲蓄的人的討論。有一些關於購物狂的輕鬆書籍，甚至有一部電影就是在闡述它，但很少有書籍以嚴肅的態度來探討財務衝動和成癮的議題。如今，賭博者和購物上癮者隨處都會接觸到廣告，而且他們通常每天都隨身攜帶一種設備 —— 智慧型手機 —— 這讓他們無法擺脫自己的習慣。

強迫性購買五階段

來看看購物成癮。在美國一項名為「衝動性購物的普遍性」（The Prevalence of Compulsive Buying）的研究中，研究人員發現，大約有 5% 的人受到衝動性購物的影響，女性受影響的機率是男性的 9 倍。然而，我相信，隨著數位商務的發展，男性的衝動性購買可能會增加。現在花錢比以往任何時候都快得多，也容易得多。

雖然《精神疾病診斷與統計手冊》（*Diagnostic and Statistical Manual of Mental Disorders, DSM*）沒有將強迫性購買列為上癮，但研究人員早已了解到它的因果關係。早在 1915 年，德

國精神病學家埃米爾‧克雷佩林（Emil Kraepelin）在他的教科書《精神病學》（Psychiatrie）中就將其描述為「購物狂」（oniomaniacs），購物狂會強迫性地購物，並且會持續拖延付款，使債務縮減，但卻毫無意義，直到一場災難稍微化解此種情況，但也只是稍解一點點，永遠無法完全解決，因為他們從不承認所有的債務。

在一篇題為〈強迫性購買的五種模式〉（5 Patterns of Compulsive Buying）文章中，沙赫拉姆‧赫什馬特（Shahram Heshmat）列出了強迫購物者所經歷的與其他成癮性疾病相似的階段：

- 衝動購買並對他人隱瞞這些購買行為
- 經歷「買家高潮」
- 利用購物來滿足未解決的情緒和感覺
- 一旦購買後便感到後悔
- 對未解決的購物體驗感到痛苦，然後再重回第一階段

雖然購物狂系列叢書看起來既好玩又有趣，但衝動性購物可不是鬧著玩的事。事實上，媒體、連鎖零售商店和我們的朋友都會積極鼓勵我們去購物，因此，衝動性購物者的行為通常就會被視為正常。

與其他成癮行為一樣，我們真正理解的是，僅靠意志力和自制力並不能停止這種行為。唐納德‧布萊克（Donald

Black）在 2016 年所發表的文章〈強迫性購買障礙回顧〉（A review of compulsive buying disorder）中報告說，92% 的人試圖抵制自己的衝動（強迫性購物），但很少成功。研究對象表示，74% 的時間他們會有購買衝動，這種衝動導致他們購物。

現在，有些人可能會讀到這篇文章，認為人們過度購物是因為他們感到無聊或缺乏動力。

這是不同的。

它是衝動性的，而且很神祕，當你體驗到最初的興奮時，事實是你對自己的行為會深感羞愧。如果你懷疑自己就是這樣，請你相信，我理解你，我敦促你尋求幫助。不要只是把這個寫下來，單純地認為這就是你的金錢類型，或是你無法改變的金錢故事，因為事實上真的不是這樣。

如果你有衝動性和成癮性的財務行為（我只提到了對購物的研究，但也可能是賭博或其他成癮性的財務行為），請你一定要尋求幫助。如果你因此而負債，可以向債務顧問、諮詢師或心理治療師尋求諮詢。除非你解決了導致你購物、賭博或其他財務衝動性習慣的潛在原因，否則世界上所有的書籍和課程都無法幫助你。

麥特‧諾夫斯（Matt Noffs）以及基蘭‧帕爾默（Kieran Palmer）在他們的著作《上癮？》（Addicted?）中，談到了一個迷思：

你可能有一個成癮的人格，並且很少有證據支持這一論

斷。事實上，當我們開始發現為什麼自己會對某些東西上癮
—— 例如毒品、性、電動遊戲、應用程式、智慧型手機、
網路 —— 我們很容易發現反覆出現的模式。

但是，根據諾夫斯和帕爾默的說法，上癮不是一種疾
病，也不是一種單一的綜合症或道德缺失。它既不是惡也不
是善。相反地，它是多方面的，自然的，會在我們生活中的
某個階段以不同的方式發生在我們大多數人身上。

生活正在給我們這些有衝動傾向的人（包括我自己）提供
工具，讓我們在財務上把自己搞砸。從移動購物設備（我們的
手機）到方便的信貸和「先買後付」平臺，人們比以往任何時
候都更容易養成衝動性的財務行為，卻不知道如何停止。

企業受到股東的鼓勵，以及他們增長利潤的需要，也會鼓
勵消費者養成這種成癮的行為。

不相信我嗎？尼爾・埃亞爾（Nir Eyal）以及瑞安・胡
佛（Ryan Hoover）在《上鉤了：如何打造養成習慣的產品》
（*Hooked: How to build habit-forming products*）一書中寫道：

當用戶感到有點無聊，就會立即打開 Twitter，這就是一
種習慣。他們會感到一陣孤獨，還沒來得及進行理性思考，
就開始刷臉書。一個問題出現在他們的腦海裡，在他們搜索
大腦之前，會先詢問谷歌。最先想到的解決方案就會占上
風。在本書第 1 章中，我們探討過養成習慣產品的競爭優勢。

現在，作者們使用了「養成習慣」這個詞，但你也可以很容易地用「上癮」或「成癮」來代替。

當我們考慮我們的金錢環境時，重要的是要明白，企業正在經由形成習慣或上癮的產品和技術解決方案，將我們置於財務失敗的境地。重要的是要建立一個環境，這樣你才不會成為它的受害者。

對我來說，在這本書中加入一個關於上癮和衝動的章節非常重要的原因之一，是我自己的家族史。我的家族世世代代都有成癮和衝動的模式，表現在酗酒、吸毒、飲食失調、工作時間等方面。

就我個人而言，我有強迫行為傾向。我過去被診斷患有創傷後壓力症候群（PTSD），在我的日常生活中仍然需要控制這些症狀。否則，當我有壓力時，就會表現為強迫性行為。這種行為包括無法應付聲音、光線和觸摸，結果導致我拚命控制自己不去接觸這些東西。正如我在第 13 章提到的，我有一套工具，我用它來管理我的壓力程度，因為我知道如果不這樣做，將會導致破壞財務的強迫行為，並藉此來重新獲得某種型式的掌控。當然，正如我在第 13 章中所描述的，這樣會造成反效果。

但正因為我生命中有此問題，讓我感受到如此混亂和不舒服，我才能對此有所作為。當我了解了自己的行為和傾向，並創造一個適合我的環境，我才能控制創傷後壓力症候群和相關強迫行為對我的生活和財務的影響。

現在，如果我能公開聲明，我是個天生擅長理財的人，你當然也能。但承認我容易受到強迫性行為的影響，這對我的財務狀況會構成問題，這還只是第一步。

第二步是盡量減少這種行為的影響，透過與一名非常好的治療師合作，了解我的財務表型，並創造一個適合我的金錢環境和習慣。我所知道的是，如果你已準備好承認你的行為、你的表現，並且尋求幫助，我向你保證，你也可以做到這一點。

在這裡，我想溫柔體貼地指出，如果你知道或懷疑你的行為是因為沒有解決情緒上的問題，請尋求幫助。我知道先前提過了，但我還要再提一遍，因為它太重要了。如果你欠債了，可以尋求專業的財務諮詢，但我強烈建議你也去諮詢訓練有素的治療師。

承認自己無法應付問題沒什麼丟人的。

相信我。

你的衝動性或成癮性行為可能會讓你深感羞愧，但你並不需要被它們所定義或困住。

如果你懷疑自己遭受財務衝動或上癮的困擾，請理解這個問題在現代社會是真實而且普遍的，就像我一樣，請選擇尋求幫助。

16 打造專屬自己的 致富理財法

　　幾年前，我決定面對一些發生在我十幾歲時的事情。這是一件很艱難、很嚴重、且具有創傷性的事件，我不相信我有足夠的資源獨自應對它。所以我預約了一位經驗豐富的治療師。

　　我記得我們第一次見面時，治療師問我，我們在一起的時間裡，我最想實現什麼。我非常理性和冷靜地解釋說，我正在尋找一種心理上等同於漂白劑的東西，能夠將它倒在我的記憶中，並把那些負面的記憶抹去。我想粉飾我的故事，這樣我的生活就不會有那麼沉重的負擔。

　　這位治療師非常善良，她指出即使她能做得到（而且這可能是一個選項），身體會儲存記憶，我所經歷的許多身體症狀都是我所經歷的創傷和我的身體儲存了對創傷的反應的直接結果。我們需要做的是傾聽我的身體，讓它安靜下來，重新設定它是如何應對日常生活的。

　　我需要找到一些技巧、習慣和更多能讓它在不再受威脅的情況下（我沒有意識到這是不正常的）冷靜下來的方法。當我完成了與她的多次對話後，我便擁有一套可以直接運用於自己

故事的技巧工具包。我非常感激這些，同時也每天繼續使用。

　　我之所以講這個故事，是因為我可以保證，多數人在讀這本書時，都對自己無意識的行為有深刻的認識，而這些行為正是你的金錢故事、環境或類型所導致的結果，而你卻沒有意識到這些。我可以很自信地說，多數人從來沒有想過要建立這種聯繫。

　　是的，就像我一樣，你可能希望可以抹去一些糟糕的財務記憶、決定或行為，但你沒有意識到自己為什麼會那樣做。更重要的是，你沒有意識到你可以為自己獨特的財務表型使用的技巧，這些技巧可以幫助你擺脫金錢故事、環境或你的金錢類型的弱點，使你發揮你的財務潛力。

　　希望你已經有了更多的見解，因為這僅僅是第一步，你已經開始養成一系列的習慣，這些習慣會形成你自己的財務工具包，你可以使用這些獨一無二的工具。當你的財務表型不僅是值得你了解，而且當你為此作出改變時，你就會從這本書和你學到的所有東西中得到最大的收穫。

　　那是因為，當然，在我的治療師的幫助下，我可能已經認識到自己的故事和成年後身體反應之間的聯繫，以及我在生活中的行為結果。我甚至可能已經找到了一些工具，可以用來管理那些對我造成傷害的，並放大那些對我有幫助的。但在我積極地在日常生活中使用這些工具前，它們是毫無用處的。

　　你的財務狀況也是如此。

　　正如我在整本書中所說的，我不希望你的財務表型只是某

種你很樂意知道的東西，某種你已經識別出來並且可以承認，但卻不做任何改變的東西。相反地，我希望它能帶來變革，並對你的財務狀況產生正面的影響，也就是你得把你在這裡學到的東西付諸行動了。

　　我希望，你選擇今天就來發掘及重寫你的金錢故事、塑造有益的金錢環境、認識和了解你的金錢類型，並且每天創造和使用你訂製的習慣，來幫助你發揮財務潛力並過上經過設計而非隨波逐流的生活。

　　請告訴我，你的進展如何。

致謝

　　坐在筆記型電腦前寫作是一個人單獨的努力，但寫一本書幾乎總是需要別人的幫助。

　　首先要感謝我了不起的丈夫托尼，他是一個非常注重隱私的人，當我的朋友開始稱他為「＃光頭男」（對不起，親愛的）時，他才意識到自己出現在社交媒體上。感謝你允許我在本書裡講述你的故事，給我鼓勵，幫助我找到擁有自己故事的力量，幫助我暢談各種概念和構想，並始終支持我。最重要的是，讓我吃飽，還幫我揉腳。我愛你。

　　感謝我工作上的另一半，也是「金錢扶手桿」的聯合創辦人勞倫，感謝你和我一起踏上這段旅程。感謝你如此大聲且堅定地慶祝成功，鼓勵我踏入或退出那些不再合適的事物。

　　謝謝我的閨蜜，Thinkers.inq 的聯合創辦人羅德，感謝你的支持、你的愛、你的留言，還有你對我的了解。我總是對生活帶給我們的一切感到驚喜，沉浸在你經常談論的達尼丁研究中，這真的非常有趣。感謝你為我們在 Thinkers.inq 的小生命所做的一切，以確保他們繼續朝正面的方向發展。我喜歡和你共度一生。

　　除了這三個人，還有更多其他人，包括我每月的事業諮詢顧問派克，我那些「愛穿黑色小洋裝」的閨蜜和我群裡的其他

夥伴，他們都是我強大的財務和支援環境中的關鍵人物，我非常感激他們。

感謝所有在我的播客「未經審查的金錢」上講述自己金錢故事的嘉賓，包括賈姬・劉易斯和凱西・里德。同時也要感謝萊蒂蒂婭・科洛蒂（Letitia Colautti），當我向你提出問題時，你的熱心支持，以及你經常主動與我分享的參考資料和例子，這些對我的工作非常有幫助，我在本書中使用了其中一些。

最後，感謝那些因為閱讀《去你的財務》而與我連絡並告訴我自身的金錢故事和經驗的人們。你們激勵我繼續開展一場運動，讓人們不僅僅在他們自己的生活中，而且在他們周圍的人的生活和社群中創造變革。

你們讓我這個不善交際內向的人非常感激你們的故事，你們的短信，你們在街上抓著我告訴我這對你們和你們的財務有多大的影響，即使我不總是能夠表達出我的感激之情。

關於作者

　　如今，我擁有數百萬美元的事業，財務獨立，但事情並非總是如此：我當然不總是擅長賺錢或做生意，而且不得不在30歲出頭時從零開始從頭來過。我經歷了慘痛的教訓，直到明白自己的金錢故事和類型，才免於繼續在財務上犯錯和自我破壞。

　　問題是，這麼久以來，我總是自己絆到自己。我真的沒有人可以傾訴。

　　這是因為，特別是對女性來說，一提到金錢和財務，就會產生一種無可避免的噁心之感。好女孩不會談論這些，當然也不會說她們想要更多。問題是，如果我們想要在財務上獲得獨立，能夠做出選擇，並且促成社會的改變，為良好的事業籌集資金，減少薪資差距，在年老時照顧自己，我們需要開始在財務上達到成熟地步。

　　讓我說清楚一點，我不是你那種典型的金錢或事業小妞。是的，我是一名會計師、財務顧問和企業家，但我也是一名財務健康的宣導者、財務教練，偶爾也擔任治療師，同時也是教育家、演說家、顧問和多家事業的所有者。

　　我喜歡談論稀缺心態、比較文化、不生小孩和羞恥感，就像我喜歡談論銀行帳戶、習慣、股票、投資和創業一樣。哦，還有鞋子。我可以一談到鞋子就談上好幾天。

我的工作是幫助人們減少他們的財務壓力，理解他們為什麼要這樣處理財務，並幫助他們設計他們感興趣的生活。

我最想做的是幫助女性，特別是幫她們從目前的處境，轉換到一個她們甚至認為不可能達到的地方。讓她們個人和事業上都能獲得財務獨立以及良好的財務狀況。讓她們能夠有勇氣說話——無論是關於財務、金錢、事業，還是我們在生活中蓄意迴避的許多其他議題之一。

我是一名多次獲獎的企業家。在 2019 年，我以七位數的價格賣掉了我 18 年前創辦的 A&TA 會計師事務所。我仍然是「金錢扶手桿」的聯合創辦人兼執行長，這是一家為 X 世代和 Y 世代女性提供財務教育的公司，也是 Thinkers.inq 的聯合創辦人兼事業總監，這是一家以創造性和批判性思維為基礎的創新全日制學前班。

我還寫了 3 本書，包括《賺更多錢好買鞋子》、《太棒了，但也破產了》和全球暢銷書《去你的財務》。

保持聯繫

關注、點讚、訂閱、評論或給我留言。我很樂意與你保持聯繫，透過了解你的財務表型，幫助你找出適合你的做法。你可以在以下這些地方找到我：

電郵：hello@melissabrowne.com.au

Insta：moremoneyforshoes

Twitter：melbrowne_

Facebook：The Money Barre

網址：www.melissabrowne.com.au

www.melissabrowne.courses

www.themoneybarre.com.au

翻轉學 翻轉學系列 063

金錢性格──找出你的生財天賦
Budgets Don't Work (But This Does): Drop the One-Size Fits All Approach to Money and Discover the Power of Understanding Your Unique Financial Type

作　　者　梅麗莎‧布朗恩（Melissa Browne）
譯　　者　簡瑋君
總 編 輯　何玉美
主　　編　林俊安
特約編輯　許景理
封面設計　張天薪
內文排版　黃雅芬

出版發行　采實文化事業股份有限公司
行銷企畫　陳佩宜‧黃于庭‧蔡雨庭‧陳豫萱‧黃安汝
業務發行　張世明‧林踏欣‧林坤蓉‧王貞玉‧張惠屏
國際版權　王俐雯‧林冠妤
印務採購　曾玉霞
會計行政　王雅蕙‧李韶婉‧簡佩鈺
法律顧問　第一國際法律事務所　余淑杏律師
電子信箱　acme@acmebook.com.tw
采實官網　www.acmebook.com.tw
采實臉書　www.facebook.com/acmebook01

I S B N　978-986-507-404-3
定　　價　350 元
初版一刷　2021 年 6 月
劃撥帳號　50148859
劃撥戶名　采實文化事業股份有限公司
　　　　　104 台北市中山區南京東路二段 95 號 9 樓
　　　　　電話：(02)2511-9798　傳真：(02)2571-3298

國家圖書館出版品預行編目資料

金錢性格──找出你的生財天賦 / 梅麗莎 ‧ 布朗恩（Melissa Browne）著；
簡瑋君譯 . – 台北市：采實文化，2021.6
264 面；14.8×21 公分 . --（翻轉學系列；63）
譯自：Budgets Don't Work (But This Does): Drop the One-Size Fits All
　　　Approach to Money and Discover the Power of Understanding Your
　　　Unique Financial Type
ISBN 978-986-507-404-3（平裝）

1. 金錢心理學 2. 個人理財

561.014　　　　　　　　　　　　　　　　　　　　　　110006963

Budgets Don't Work (But This Does): Drop the One-Size Fits All Approach to
Money and Discover the Power of Understanding Your Unique Financial Type
Copyright © 2020 by Melissa Browne
Traditional Chinese edition copyright ©2021 by ACME Publishing Co., Ltd.
This edition published by arrangement with Allen & Unwin Pty Ltd, Sydney,
Australia
through Bardon-Chinese Media Agency
All rights reserved.

采實出版集團
ACME PUBLISHING GROUP

有著作權，未經同意不得
重製、轉載、翻印

廣	告		回	信
台 北 郵 局 登 記 證				
台 北 廣 字 第 0 3 7 2 0 號				
免	貼	郵		票

 采實文化 **采實文化事業股份有限公司**

104台北市中山區南京東路二段95號9樓

采實文化讀者服務部　收

讀者服務專線：02-2511-9798

Budgets Don't Work (But This Does)

Drop the One-Size Fits All Approach to Money and Discover the Power
of Understanding Your Unique Financial Type

金錢性格

找出你的生財天賦

梅麗莎‧布朗恩 Melissa Browne ——著　簡瑋君——譯

系列：翻轉學系列063

書名：**金錢性格**

讀者資料（本資料只供出版社內部建檔及寄送必要書訊使用）：

1. 姓名：

2. 性別：□男　□女

3. 出生年月日：民國　　　　年　　　　月　　　　日（年齡：　　　　歲）

4. 教育程度：□大學以上　□大學　□專科　□高中（職）　□國中　□國小以下（含國小）

5. 聯絡地址：

6. 聯絡電話：

7. 電子郵件信箱：

8. 是否願意收到出版物相關資料：□願意　□不願意

購書資訊：

1. 您在哪裡購買本書？□金石堂　□誠品　□何嘉仁　□博客來

　　□墊腳石　□其他：_____（請寫書店名稱）

2. 購買本書日期是？_____年_____月_____日

3. 您從哪裡得到這本書的相關訊息？□報紙廣告　□雜誌　□電視　□廣播　□親朋好友告知

　　□逛書店看到　□別人送的　□網路上看到

4. 什麼原因讓你購買本書？□喜歡商業理財類書籍　□被書名吸引才買的　□封面吸引人

　　□內容好　□其他：_____（請寫原因）

5. 看過書以後，您覺得本書的內容：□很好　□普通　□差強人意　□應再加強　□不夠充實

　　□很差　□令人失望

6. 對這本書的整體包裝設計，您覺得：□都很好　□封面吸引人，但內頁編排有待加強

　　□封面不夠吸引人，內頁編排很棒　□封面和內頁編排都有待加強　□封面和內頁編排都很差

寫下您對本書及出版社的建議：

1. 您最喜歡本書的特點：□實用簡單　□包裝設計　□內容充實

2. 關於商業管理領域的訊息，您還想知道的有哪些？

_____

_____

3. 您對書中所傳達的內容，有沒有不清楚的地方？

_____

_____

4. 未來，您還希望我們出版哪一方面的書籍？

_____

_____

翻轉學

翻轉學